成年禮

給不再是孩子，
卻還不是大人的你

冒牌生——著

謹以此書特別感謝在成長路上，
給予我幫助的貴人和朋友們。

我的父母、我的讀者、風傳媒、
時報出版社、我的編輯團隊——
信宏、瓊芊、睦涵。

還有一直沒有放棄夢想的自己。

CONTENTS

CHAPTER

1

敵人不是「別人」，而是自己！

有時候，我們習慣將包裝過的形象呈現給別人，將真實的自己掩蓋。真實的我們，比較像是還沒登上南瓜馬車的灰姑娘，有時難免蓬頭垢面。但這樣的你絕不是上不了檯面的次級品，真實的你是值得被喜歡的。

CHAPTER 2

面對比逃避更需要勇氣

生活有時候像檸檬，會酸得讓你不可置信，
你能做的就是面對，然後盡最大的努力解決問題，相信一切會好的。
讓自己有嘗試失敗的機會，也讓自己有機會振作起來；
只要有勇氣邁前，生活就會賜予你一個嶄新的開始。

CHAPTER

3

周遭的流言、負評……認真你就輸了！

我們不是聖人，被批評難免會低落，
但沒必要把所有人對你的評價放在心底。
當事情說不清的時候，記得問心無愧就夠了。
過自己的日子，讓別人去說，人生不用活在別人嘴裡。

CHAPTER

4

懂得愛別人，但你還記得自己嗎？

我們總是害怕在人際關係中被孤立，
擔心自己的存在就是個討厭鬼，
所以做了很多的傻事，只為交易虛無縹緲的友情，
卻忘了真正的友情不是交易就能換得，
真正的友情是建立在生活中共同經歷的點滴。

CHAPTER 5

夢想很美，現實很殘酷

就像安徒生童話裡的小美人魚，她願意用歌聲換取雙腳，卻不一定能因此得到真正想要的愛情一樣。
當現實與夢想拉扯時，你是否願意付出自己在意的東西，而且要抱著，即使如此還是有可能失敗的決心？

成長這條路上，遇到的五隻小怪物

對你來說，過了幾歲就算大人了呢？十八、二十、二十一，還是二十五？「長大」到底是什麼意思？

本以為十八歲是成年人的指標，後來才體會到，成長不是一瞬間的事情，而是默默的長大——慢慢的那些童年回憶會漸漸消失，生活被其他的事務占據，好比說，忙碌的學業、新結交的朋友、懵懂的愛情、徬徨的未來；這些問題，就像是小怪物一般，總是在關鍵時刻跑出來搗蛋，帶給我們許多挫折，但沒有他們，我們永遠無法體會長大的滋味。

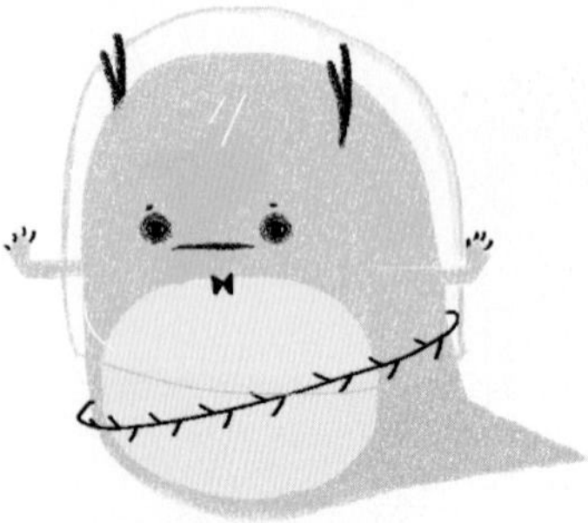

第一隻小怪物叫做——隱藏

長大後我們常假裝沒事，將真正的自己隱藏起來，有時候只是不想讓對方心疼，更多的時候是害怕自己受傷的偽裝。不要怕被討厭，該怕的是隱藏太久忘掉真正的自己。

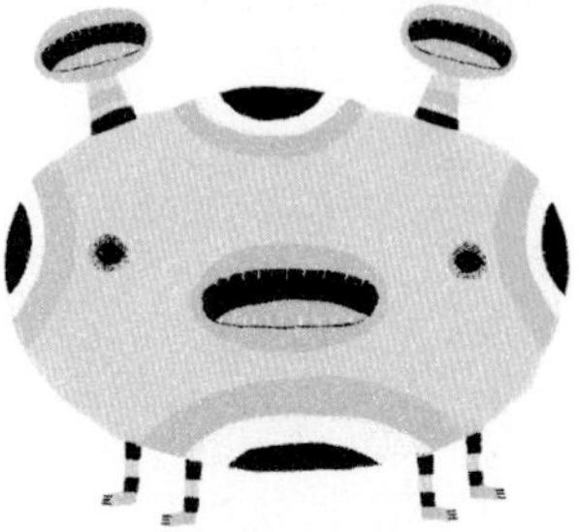

第二隻小怪物叫做——迷惘

未知令人害怕，不知道如何選擇時難免會裹、足不前，但別忘了生活不一定總是美好，鼓起勇敢，試著改變，走過迷惘以後，你可以變得更堅強、更有智慧。

第三隻小怪物叫做——流言

我們永遠不知道自己在別人口中會有多少版本，做自己最重要。流言最終教會我們，不管別人怎麼說，只要對得起自己，還有你愛的人那就夠了。

第四隻小怪物叫做——孤單

成長的過程，有些事講了是疤，不說心裡又一直糾結；但難過的時候不一定要一個人面對，坦承失落不是失敗，反而會發現自己並不孤單。

第五隻小怪物叫做——現實

長大後夢想越來越遠，生活壓力越來越大，世界跟想像中不一樣，但現實也教會了我們，幸福的真諦不代表所有事都完美，而是選擇不再只看到缺憾。

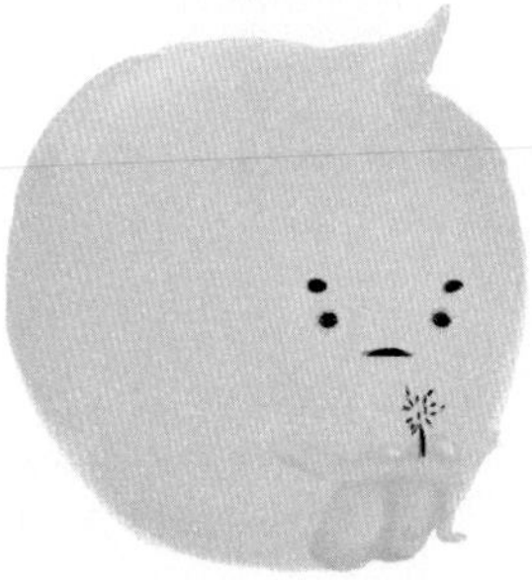

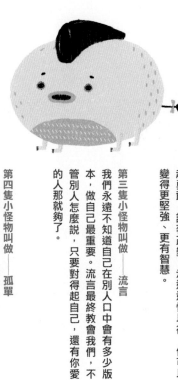

序：致好朋友——自己

你有一個好朋友叫「自己」。

小時候「自己」是最重要的，喜歡做什麼就會去做。

你跟「自己」約好，長大後一定要變成「自己」想變成的人。可是長大後，你遇見一個新朋友叫做「別人」。

「別人」似乎比較受歡迎，說的都對。

「別人」問你在哪裡上學？考了第幾名？

「別人」想知道你就讀的學校是普通的還是名校？

「別人」問你的成績是好還是不好？

「別人」不會問你喜歡讀書嗎？也不會問你對哪方面感興趣？

「別人」是這個社會最普遍的價值觀。

總之，「別人」總有問不完的問題，因為社會的價值觀就是如此。

再過不久，「別人」會問：「讀哪間大學（研究所）呢？念什麼科系？」

如果你說：「臺成清交、國外名校，學管理，學金融理財。」「別人」便嘖嘖稱讚。

但若你回答：「某某科大。」「別人」則會微笑點頭，給你一點鼓勵或者安慰的眼神。

可是，「別人」不會問你：「喜歡你的科系嗎？在學校裡學到了什麼？」

「別人」是這個社會最普遍的價值觀。

出社會以後，「別人」還是有問不完的問題。

「別人」的問題變成了「在哪裡工作？薪水多少？」「別人」聽完你的答案後會在心底掂量，進而選擇炫耀、艷羨或是抿嘴微笑。

可是「別人」不會問你：「喜不喜歡現在的工作？未來的生涯規畫是什麼？」

「別人」就是這個社會最普遍的價值觀。

當你年近三十，再遇見「別人」時。

「別人」會問：「結婚了嗎？找到對象了嗎？」「他家裡是幹什麼的？」「他哪裡畢業的？」「學歷怎樣？」「薪水如何？」「有房有車嗎？」……

「別人」不會問：「他是一個怎樣的人？對你好不好？」

「別人」就是這個社會最普遍的價值觀。

總之，「別人」總有問不完的問題，因為社會的價值觀就是如此。而總有一群「別人」總會依照這樣的標準比較。然後社會影響了人，人又反過來影響社會。以致世上有太多太多的你決定為「別人」而活。

有時候，你不由得問自己，你在做的事情，是否真心為了自己，是不是你內心的渴望，還是為了面子，為了自尊？甚至為了「別人」的面子，又或者「別人」的自尊？

做自己是最難的一件事，許多人總是為了討好「別人」打腫臉充胖子，心裡累了一生，靈魂不快樂一輩子。

有的人把「自己」藏在很深很深的地方，不再讓「別人」傷害。有的人把「自己」弄丟了，卻再也找不回來。有的人替「自己」戴上面具，最後連「自己」都認不得，面具底下究竟是怎樣的一張臉。

慢慢的在那些為「別人」而活的日子中，你學著溫柔、妥協、堅強、冷靜、成熟，變得能夠微笑的包容「別人」。

因為透過那些包容，你想起了那個好久不見的好朋友——「自己」，那個試圖抵住甚至拋開社會普遍價值壓力的「自己」。

CHAPTER

1

敵人不是「別人」，而是自己！

有時候，

我們習慣將包裝過的形象呈現給別人，

將真實的自己掩蓋。

真實的我們，

比較像是還沒登上南瓜馬車的灰姑娘，

有時難免蓬頭垢面。

但這樣的你絕不是上不了檯面的次級品，

真實的你是值得被喜歡的。

隱藏

No 01

再見，別人家的孩子

生活不是看別人怎麼過，而是看你自己想怎麼過。

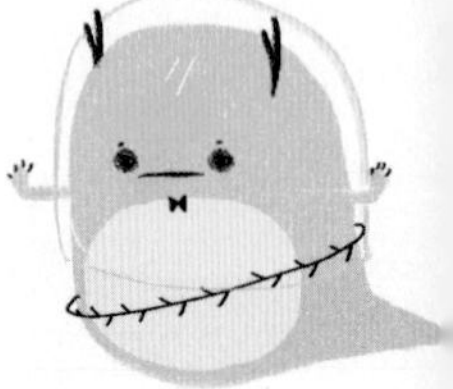

記得小時候愛看卡通，爸媽總會說，「別人家的小孩」喜歡看書多乖！成績不好也會被念，你看看「別人家的孩子」多用功，為什麼你不能像「別人家的孩子」一樣呢？每次聽到這些話，就會莫名的覺得委屈，對那個「別人家的孩子」也多了一些反感。

中學時期，我獨自到國外求學，在老外的地盤走低調路線，不太講話，喜歡在筆記本寫東西，長輩們看到總擔心得說，這孩子以後長大會吃虧，最好要像那個「誰誰誰」一樣能言善道，嘴巴甜會講話，才有好的發展。

後來，那個「誰誰誰」長大了，考進一家外商公司做基層的工作，他的爸媽問我，現在在做什麼，我說寫作，他說，你也是小留學生，怎麼不像那個「誰誰誰」

一樣到外商公司上班呢？那樣的工作才穩定有保障，不是嗎？

他們不會關心你有什麼愛好，也不會管你到外商公司上班是否做得開心，更不會理你想做什麼。我也不知道該怎麼回答他，只能說其實書的版稅還可以，讓我的生活還過得去。

後來聽過很多類似的話，大抵是你怎麼不到外商公司上班，你寫作一個月能賺多少錢，「別人家的孩子」考上公務員，混得多好多好……。綜合起來，就是他們質疑你為什麼不能像那個「誰誰誰」，又或者「別人家的孩子」那樣，有體面的工作、有很好的發展……

長大以後，原以為可以做自己了，結果沒想到成為你想成為的人，需要破釜沉舟的勇氣。

到了適婚年齡，身旁的人常替你著急：「別人家的小孩」都已經結婚了，那個「誰誰誰」年紀比你還小都已經生了兩個小孩了，你怎麼還單身？……

因為「別人家的小孩」和「誰誰誰」結婚了，所以你也要趕快找個對象；毫無關聯的兩件事卻成了因果關係，總讓我無言以對。

現在年紀大了一點，終於明白**人生必須自己負責，別人的意見參考就好**。有些決定不見得會被其他人明白，但做出對得起自己的成績更重要。

當我決定寫作，就沒有打算成為公務員，也知道自己不想到外商公司上班。我寫作，不代表我不食人間煙火，也不代表每天無所事事，我只是在我的職涯中做出取捨，不做一個朝九晚五的上班族。

剛開始，的確有一陣子收入不穩定，但現在寫作、演講賺的錢不但足以打平開銷，也能替自己存點錢、付貸款；我很慶幸自己沒有辜負心中那位懷抱著寫作夢想的孩子。

邁向而立之年，我依然想表達，**世界有太多雜音，你可以傾聽，但記得聽聽自己內心的聲音；做出選擇、勇往直前，不要因為被雜音淹沒而後悔。**

生活不是看別人怎麼過，而是看你自己想怎麼過。

就好像我愛看卡通，不代表我是個壞孩子；有時候我不講話，不是故作清高，只是不習慣跟不熟的人互動。

也許從傳統角度來看，這樣會走得慢一些，但只要選擇自己喜歡的路，雖然辛苦依舊甘之如飴。**每個人都有各自的模樣，沒必要去跟別人比。因為你的堅持和努力，無需任何人來證明。**

NO 02

別人認為你是哪一種人不要緊，要緊的是你到底是哪一種人

唯有自己以真心待人，別人才願意真誠回應。

每當新的一年到來，我常會替自己設定新年目標。相信你也曾經做過類似的事情，在改變前我們總是充滿著期待，為了慎重其事，先特地到書店買一本精美的行事曆，再到臉書寫下年度期許。只不過時間總是過得比想像中快，一年過去，下一年即將到來，此時回顧過去，發現自己好像都只在原地踏步，所謂的新年新希望，不過是喊喊口號而已。

直到二〇一五年，我才終於找到達成目標的訣竅。

回顧這一年，我找了一份新工作，出了一本新書，巡迴全臺超過二十場演講，歲末年終在雜誌社的鼓勵下，開始舉辦社群經營相關的專業講座。

這樣看似完成了很多事，但我一開始設定的目標其實只有完成一本書，其他的

事情統統不在意料之內。

這不是一篇炫耀文，我想表達的是：「先認清自己最想做的事，再將它列入年度計畫，別總以為自己什麼都辦得到。」就好像在我還沒下定決心減肥前，是不會隨便在年度計畫中，寫下瘦二十公斤這個目標（偷笑）。

設定年度計畫時，我們都希望自己能夠表現得比以前「更好一點」，可是什麼是更好一點呢？

按照社會大眾的標準，我們在新的一年都應該變得更帥、更美、更瘦、更勤勞、更好學、更勇敢……還可以列舉更多的「更」，簡而言之，你應該變得比去年「更完美」。

這些動機沒有不對，但在此之前，我們該先認識自己，為真正想要的事情付出努力，而不是貪心的什麼都想要。

有時候，我們習慣將目標訂得太高，將包裝過的形象呈現給別人，以為那才是值得被愛、有價值的，並將真實的自己掩蓋。

好比我們在臉書上喜歡將自己認為比較好的形象呈現給大家，於是只貼可愛的、出遊的、值得炫耀的照片，甚至連情感問題都可以半炫耀的放在臉書動態，證明自己的脆弱和重要；又好比我們喜歡用「美肌模式」將臉上痘疤、雀斑、甚至將身材掩蓋，把喬裝出來的「我」給大家看。

當喬裝出來的「我」得到誇獎時，一方面為別人眼中的「我」沾沾自喜，覺得自己成功的扮演一個角色；另一方面卻加重自卑感，因為我們知道別人眼中的我並不真實。

真實的我們，比較像是還沒登上南瓜馬車的灰姑娘，有時候難免蓬頭垢面，見不得人。但久而久之，如果無法認清真實的「自己」，只會連人格都逐漸分裂……

事實上，**真實的你絕不是上不了檯面的次級品，真實的你是值得被喜歡的**。別人不喜歡你，不代表你的失敗，只代表你們的頻率不對。偽裝可以騙人一時，但久而久之只會活得很累而已。

如果認為自己還不夠好，那麼最好的辦法是充實自己的內在，而不是偽裝。那樣你只會離完美越遠，一旦被戳破，只會被扣更多分。

二〇一四年初，我決定以自己的真實面目示人，拋開海賊王的光環，寫一本自己的作品，做回真實的自我，對於這個決定，我告訴自己就算要付出代價也認了。

於是，我把粉絲團改了名字，變成「冒牌生」（楊立澔），並開始以本名示人。

剛開始心中充滿對未知的恐懼，擔心沒有人願意看我寫的文字，擔心出版社不再幫我出書，時常患得患失。退下了偽裝，以真面目示人，這樣的「我」大家能接受嗎？

可是到了歲末年終，當我檢視成績單，不敢說表現得完美無瑕，但**心中少了虛偽和負擔，也多了真正的朋友和機緣**。

思來想去，原來**唯有自己以真心待人，別人才願意真誠回應**。跟真實的自己相處不但省時、省事，又省心，之前為了偽裝所耗費的時間與心力，可以拿來完成更多的事情。

有句話是這麼說，別人認為你是哪一種人不要緊，要緊的是你到底是哪一種人。倘若，你想要進步，想要找到更好的自己，那更不應該糾結在別人的目光，為了大眾的標準而改變。所謂的改變，應該發自內心，認清自我的渴望，並依此訂定目標，這就是開始改變的第一步。

No 03

再多的肯定，也不如身邊一兩個懂你的人

正是你的優點，吸引那些好人來到你的身邊；也是你的缺點讓你可以感受到朋友的溫暖和包容。

小時候，我很羨慕那些拿獎狀拿到手軟的同學，因為自己很少有機會可以得到那份殊榮。翻開過往的成績單，這個原因不意外。我不是頂尖的一分子，老師沒有特別關愛，在同學間我也只是個平凡人，不是那種能聚集眾人目光成為焦點的風雲人物。

我就是一個很普通的中等生，沒特別突出也很難得到肯定，學期結束的時候，永遠看不到自己的名字被榮耀，因為「不特別好」的我，不會拿到全班模範生的提名，「不特別差」的我，也始終與最佳進步獎無緣。

後來出國讀高中，情況更是急轉直下，由於對陌生環境的不適應，再加上語言的隔閡，成績一瞬間從中上變成吊車尾。第一年學期結束的時候，我得到人生中第

一張「最佳進步獎」的獎狀，但那張獎狀帶給我的不是榮耀，而是讓我尷尬不已，這是一段不願再提起的過去。

我至今還記得上臺領獎的矛盾心情，就好像總是把自己隱藏很好的小丸子，突然得到「最佳進步獎」，不拿還好，一拿到反而提醒所有人——小丸子原來的成績糟糕透了。

這份心情，我不願跟別人提起，直到有一次玩「真心話大冒險」必須要談到人生最尷尬的經驗，才透露那段往事。

但聽完後朋友們卻百思不得其解，直問我到底為什麼尷尬？他們認為是我想得太多，才讓問題變得複雜。

我也很清楚是自己彆扭的個性作祟，於是假裝已經不在意的說：「對，我也更希望自己是因為表現很好被肯定，而不是進步被肯定。」

過了好久，我都忘了曾經說過這段話，直到畢業前夕，即將隻身前往另一個城市讀大學的那一天，那群一起玩「真心話大冒險」的夥伴們，送了一本手繪的相簿給我，裡面記錄高中那幾年一起度過的點點滴滴，他們特別在最後一頁畫了一張獎狀，上面寫著：「你很棒。」並附上所有人的簽名。

那張獎狀記錄著我們的友情，更讓我明白一個道理：**再多的肯定，也不如身邊一兩個懂你的人。**這張獎狀雖小卻讓我銘記一生。

小時候，獎狀始終是我的一個遺憾。但這幾年彷彿補償似的，只要到各大專院校演講都會得到學校的感謝獎狀：成功大學、元智大學、淡江大學、逢甲大學……光是成功大學的感謝獎狀就蒐集了兩張，每一張獎狀都是生命的紀錄，也提醒著自己那個渴望被看到獨特之處的曾經。

如果你像我當年一樣很少拿到獎狀的肯定，請不用灰心，因為那並不代表你不獨特。如果你的身材瘦小、認為自己毫無特色，請不用自卑，其實更多的時候，你只是被自己的彆扭給束縛了。別被自己綑綁，坦率的面對自己一切的優缺點吧。

正是你的優點，吸引那些好人來到你的身邊；也是你的缺點讓你可以感受到朋友的溫暖和包容。

長大以後，
原以為可以做自己了，
結果沒想到成為你想成為的人，
需要破釜沉舟的勇氣。

NO 04

跌倒過後，勇敢站起來的過程就叫「長大」

關鍵時刻懂得墊高自己，低潮時好好愛自己一把，才能走得更長更遠。

之前在紐西蘭讀書，鄰居家有對華人兄妹，我們三個人年紀差不多，總是玩在一起。哥哥很有主見，再加上脾氣比較倔強，對媽媽的提點總是左耳進右耳出，而個性傳統的媽媽總是愛嘮叨：「用功讀書以後才會有出息……」

鄰居的哥哥不愛聽，當然也不會把媽媽的話放在心上，行為依然我行我素，他的母親總拿他沒辦法。

上了中學後，鄰居的哥哥迷上打電動看漫畫，雖然不是什麼傷天害理的壞事，但成績總在及格邊緣的低空掠過，看在他媽媽眼裡，這已是非常嚴重的事。為此總是傷透腦筋，抱怨不斷。

有一次期末考，鄰居的哥哥考了八十分，他的媽媽開心不已，還烤了餅乾送給社區相熟的幾戶人家分享喜悅，送到我們家時，更是笑得闔不攏嘴，開心地分享教育之道，她說：「兒子雖然脾氣倔強，但其實很聰明，這次成績考到八十分，就代表他一直在默默努力。」

原本考試總在及格邊緣的兒子，突然有一次成績突飛猛進，就改變了媽媽對他的看法，評價也跟著水漲船高。

而妹妹是個溫和的女孩，平時很有禮貌，功課也不錯，是典型的乖寶寶，真的要說，就像《櫻桃小丸子》裡的小玉，帶個眼鏡，溫柔可人，成績在班上總是名列前茅，鄰居們對她也讚不絕口。

有一次考試，女孩兒考了八十分，那位鄰居的媽媽緊張得不得了，那陣子總是愁眉苦臉，一遇到人就抱怨道：「女兒考試拿了八十分，以前不是這樣的，書不好好讀，讓我傷透了腦筋。」一次考試失利，竟讓媽媽將女兒之前的優良行為全盤否定。

過了好幾年後，我離開了紐西蘭，與這家人也斷了聯繫。直到前陣子聽到他們的消息，哥哥在高中時期選修日文，大學到日本交換學生一年，現在說得一口流利的日文，在紐西蘭一家專門從事玩具貿易的公司工作。

妹妹一路穩穩當當的讀書，現在正在紐西蘭某間圖書館擔任管理員。兩人都有不錯的發展，而回想起那位望子成龍、望女成鳳的鄰居媽媽，讓我不禁莞爾一笑。

雖然現在大部分的家長們都逐漸明白不能以成績來評斷孩子的未來，但看看身邊，依然還是有一些父母或師長，會拿著成績單來評斷孩子是「好」是「壞」。其實，分享這則故事的重點不在於父母對孩子們的評價是否正確，也不是在證明成績是否等於一切；而是希望你能了解——

一次成功或失敗不代表你的全部，而跌倒過後，勇敢站起來的過程就叫做長大。

我們不必要求自己隨時站得比別人高，那樣太累也根本做不到，適時調整自己的姿態，關鍵時刻懂得墊高自己，低潮時好好愛自己一把，才能走得更長更遠。

地球很大，太陽很充足，我們每個人都有足夠的陽光。

人生不是一場零和遊戲，不是你贏或他輸，而你身為自己人生的最終裁判，不用一味的低調，也無需刻意張揚，自始至終，保持那始終如一的誠懇就好。

No 05

把你的痛苦打個分數

記錄煩惱，發洩煩惱，跟信任的人分享自己難為情的經驗，本身就是一種療癒。

「冒牌生，有件事讓我好痛苦，不知道該跟誰說，只好跟你分享……」

自從開始在網路上回答網友問題後，總有人寫信跟我分享他的心情點滴。

這些問題的數量非常多，我無法每一位都一一回覆，而我也發現每個人的問題雖然時空背景都不一樣，卻又能找到許多類似的地方，好比說……

「我明明付出了，他卻……」

「我很忍耐，可是他總是……」

「又不是我的錯，我只是要一個回應！」

從這些問題可以看出，人們總是不安的，總是被誤解，或者認為自己滿腹委屈，想找人說說心裡話。而更多人選擇悶在心裡，最後累積太多壓力，無法靜下心來檢視自己的整體狀態，結果在不知不覺中做出誤判。

那些過度累積的工作或者雜事，總會讓人陷入不安或不滿的情緒，再加上事情尚未解決，心情焦慮不安，無法抒發的困擾逐漸累積後會造成惡性循環，讓人陷入「這樣做不行，那樣做也不行，似乎已經沒有任何解決辦法」的思考模式，進而不知道該怎麼進行下一步。

我小時候在國外讀書時也有過這種焦慮的心情，總會跟同學們鬧彆扭，認為這些老外不懂我的想法，覺得跟周遭的每一個人都格格不入。

那陣子我過得很不快樂，唯一的華人朋友，每週六都得聽我訴苦，長達半年之久。直到有一次，我告訴自己不能再這樣下去了，必須振作起來。於是找了國際學生部的輔導老師溝通，她建議我把心情寫成日記，舒緩自己的不安。事隔幾週後再翻閱，會發現許多問題遠沒有自己想像中來得複雜。

而後來，那本日記簿成了我如今創作的素材（笑）。

許多問題，當你願意寫下來分享時，其實就已經開始好轉；**記錄煩惱，發洩煩惱，跟信任的人分享自己難為情的經驗，本身就是一種療癒。**

現在，每當看到網友寫給我的信，我都抱著鼓勵的心情，即使我無法一一回答，但對這些網友來說，試著將問題寫下來的過程，就能幫助釐清問題、檢視心情。而在過了一段時間後，有些人則會寫信告訴我說，事情過了之後再重新檢視，心情已經平復很多。

時間是一帖苦口良藥，它會讓我們在苦澀中發現什麼東西是重要的，什麼就讓它隨風而去。

我們常忽略人生不是在追尋非黑即白的解答，它其實有更多種可能，而不是只有兩種選項的選擇題，它更像是沒有標準答案的申論題。通常，想法太過極端的人，只會把自己推向更痛苦的深淵。

建議如果真的陷入那種沒有未來、人生絕望的思考模式時，試著用打分數的辦法來重新思考，讓自己稍微喘一口氣吧。

像我會把自己遇過最痛苦的事一一評分，以一百分為滿分一一計算比較，比如：情人劈腿、事業受挫、離鄉背井……各占我人生中多少痛苦指數。

扛不住負面情緒的時候，不如試著把現在所遭遇的挫折與過去相比，最痛最苦的時候已經過了，就會覺得「這次也沒那麼難熬！」進而幫助自己增加克服困難的信心，走出逆境。

這個辦法也許不適用每個人，也無法實際解決問題，但或許可以讓你脫離痛苦的情緒，遇到困難時不妨一試。

痛苦不可能馬上消失，沮喪的心情也一樣，但可以透過不斷調整，用不一樣的角度，客觀的整理與檢視心中的負累。

No 06

放棄一些過去的理想，絕不代表糟糕

成長的過程中被迫改變，是必經的過程，畢竟少年時期總是有不切實際的天真爛漫。

曾經有幾次跟老同學見面，在聚會時被念說「不合群」、「變了」，這讓我有點難過，那個曾經不說話也能溝通，用一個眼神一個動作就知道對方在想什麼的同學不見了，那契合的眼神已不再交錯。

出了社會後，身旁慢慢出現一些人，成長的腳步變得與你不同，他們不能體諒這樣的轉變，於是語氣裡帶點指責地說：「你變了，你為何沒有像以前一樣？」「變了」這句話宛如一場指控，尤其當這指控是由以前的好朋友提出，彷彿在他們眼中，你已經變成了討厭的樣子。

「變了」可以涵蓋很多種意義，比如青春被摔碎，初衷的改變，理想的幻滅，彷彿以前的夢想被迫要醒了，舊的感情看似要淡了。

可是「變了」並不見得是壞事，因為某種程度改變也代表著成長，你逐漸清楚自己的責任，能夠承受社會、現實、經濟帶來的壓力，並勇於擔起工作。

沒辦法，出了社會後，時空背景都跟學生時代不一樣了。人是跟著環境改變的動物，遇到理想和現實的衝突，剛開始難免不適應，但總會找到平衡點。

人之所以改變，放棄一些過去的理想，絕不代表糟糕，畢竟少年時期總是有不切實際的天真爛漫。

比如，我曾有位朋友說：「想當海賊王的魯夫！其他的夢想都不要！」不要當水手、漁夫或海軍，任何跟海相關的他都不要，就是要當「海賊王的魯夫」——都怪我當年給他看了太多《海賊王》的漫畫。

時光荏苒，《海賊王》連載了十幾年，漫畫裡的世界數十年如一日，魯夫還沒走到偉大航道的一半，大祕寶連個影子都還沒看到，而當初的青澀少年，現在都快奔三十歲了，「海賊王」這個夢想當然沒有實現。而且，先不說「海賊王」這個職業很超現實，光從魯夫這個角色來看，雖然他的優點很多，但試想，現實生活中，真的有人像魯夫一樣，光是沒有「理財觀念」，再加上「常不顧場合的講話」恐怕也很難在真實世界生存吧。

許多人都覺得，堅持不變才是最酷，但就連魯夫那麼酷的人都懂得找娜美做導航，當理財顧問，對很多以前他的老朋友來說，可能也「變了」吧。

其實，成長的過程中，發現自己做不到或者被迫改變，固然不是什麼開心的事情，卻也是必經的過程。

人總喜歡美化自己的過去：孩提時犯的錯都是珍貴的；哪怕你的初戀再壞，也是可愛的；哪怕你的母校再爛，也不許別人說它的不好；因為那就是青春。

我們不見得會變成自己想要的那個樣子，出了社會後也許會被老同學抱怨過去不再；可是有一句話說得好：生活從未像我們想象的那麼幸運，也從未那麼糟糕。

每個人都被時間推著往前跑，有些話雖然沒開口明講，但當你踏出校門，邁向遠方，新的旅程、新的挑戰、新的夥伴，都會一一出現。

新舊交替的時候，難免有衝突和取捨，我們唯一能做的是微笑以對，即便新的狀態不符合記憶中的美好，仍要勇敢面對。

至於當年那個想當「海賊王」的男孩，他現在在船運公司跑船。成長帶來了許多改變，從前活在動漫之中的少年學會了務實，但他沒有全然放棄自己的夢想，還是就讀了相關科系，正一步步地朝著船長的目標前進。

No
07

想自由、想被尊重，卻常常被忽略？

比讀書更重要的事：挑戰自己，並且為自己的目標付出努力！

前幾天，有位女性友人傳來一段文字：「我想早戀，可惜已經晚了。」

她說在微博看到這段文字覺得心有戚戚焉，想起小時候父母管教嚴格，把她保護得很好，不讓她跟男性朋友接觸，也不准她跟同學一起追星，天天檢查手機，日常生活永遠只有三點一線：家裡、學校、補習班。如今，她已二十八歲，學校畢業，有一份穩定的工作。想早戀，卻已經習慣單身。

「其實不只是感情，而是在小的時候沒什麼說話的權力，想要自由、想被尊重、想東想西，卻常常被忽略。」

她感嘆：「**父母只要我把書讀好，從沒考慮過我的心情。**」

聽到這件事情時，我有點驚訝，看起來，這彷彿是封建或戒嚴時代才會發生的事，我原本以為如今都二十一世紀了，不可能有父母這麼食古不化。但沒想到，除了朋友的家庭狀況，我最近又見證了這樣一個古板家庭在我眼前上演家庭風暴，而我更沒想到自己成了這場糾紛的導火線。

在年假前，我安排了一趟土耳其之旅，也在粉絲團舉辦了一次交換賀卡的活動，只要讀者寄出一張明信片，我便會回傳一張土耳其的明信片。

原本是一件皆大歡喜的事，卻有讀者告訴我，她在寫卡片給我時，被父親看到，他非常生氣：「沒事寫這個幹嘛！」「從漫畫看人生不實際！漫畫是虛構的！」最後讀者告訴我，她被罵就算了，可是聽到我被指責讓她很傷心，還一度為我與父親爭辯了起來。

當下很謝謝她幫我說話，但我也希望她不要跟父親吵架，畢竟父母有他們的立場，尤其在那種情況下，多說多錯，還不如保持沉默。

如同那位二十八歲想早戀卻已經晚了的朋友所說：「父母只要你把書讀好就好，其他的都不重要。」

記得去年有一次我結束高雄的學校演講，搭上計程車，一上車跟司機聊天，他感嘆他的孩子不聽話，整天沉迷電動玩具，不好好讀書，因為看我年紀輕，或許比較了解年輕人的想法，所以想問問我該如何是好。

「沉迷？那他一天玩多久？」我問。

「規定一天最多玩半個小時，有交代才會收起來，沒交代就會玩好幾個小時！」

「一味禁止真的有效果嗎？不如試著跟他談談條件吧？」

說著說著我便和計程車司機分享自己小時候的故事。在少男時代，我的父母也一樣，他們的眼中只有念書跟考試，除了讀書之外，其他像是看漫畫、打電玩這些與學業無關的娛樂都是沒必要的。

那時候網路剛開始流行，也是ＣＤ逐漸轉ＭＰ３的年代，可是安裝網路和一臺ＭＰ３都不便宜，屬於高價位商品，我很想要卻沒錢。被父母知道後，他們更不同意，覺得聽太多靡靡之音還不如多讀幾本書來得有意義，更怕我小小年紀無法把持自己，被網路上的腥羶色給荼毒。

總而言之，父母有千萬條反對的理由，即便再三保證也無法爭取到他們的信任和放心。最後我憤慨加無奈的表示：「**為什麼你們連最基本的信任都不肯給我？**」

大概是這句話打動了父母，他們提出條件：「如果考試成績能夠進到全校前十名，就買一臺MP3隨身聽給你。」

為了那臺MP3隨身聽，我拚了老命！開始規畫讀書的時間，設定目標，為自己想要的東西奮鬥，最後終於達標——我考上全校前十名，也如願得到一臺MP3隨身聽。

回想起來，雖然那年才十二歲，但卻是第一次學會**設定目標、挑戰目標，一步步達成目標**，這過程中所獲得的成就感遠比獲得一臺MP3隨身聽來得多。

家家有本難念的經，不是每種狀況都一樣，但有許多父母，在面對孩子的想法或需求時，常常只丟下一句「把書讀好就好」就結束了對話，雖然父母的本意可能是保護，希望孩子心無旁鶩的念書，然而不分年紀大小，每個人都希望自己的想法被尊重，需要擁有自由。

因此與其一味拒絕，不如改用激勵的方式。我很感謝父母當年對我的教育方式，他們尊重我的想法，並且讓我學會比讀書更重要的事——**挑戰自己，並且為自己的目標付出努力**。

No 08

討好別人，不如討好自己

掌握人生的主動權，才能挖掘更好的自己。

人生常常會發生兩難的狀況，在我們遇到別人的拜託請求時，害怕拒絕會得罪對方，即使幫這個忙會造成自己的困擾，但還是「打落牙齒和血吞」地努力完成。

這種狀況很普遍——在職場上，怕主管認為你沒有團隊精神，即使不是你分內的工作仍難以拒絕；人際關係裡，也曾遇過某些朋友一而再、再而三的把你當作情緒的垃圾桶，明明已經開導過卻又聽不進去，總是鑽一樣的牛角尖，但因為友情的壓力卻不好意思拒絕傾聽對方訴苦。

對！我們都有過這樣的經驗。但你有沒有思考過，**太多太多的時候不是非你不行，而是因為你比較好說話，對方才會找你。**

有段時間，我很喜歡去日本旅行，最高紀錄一個半月去了兩次，有位不太熟的朋友知道我又要到日本玩，希望我能幫忙買些東西，但她開出來的清單，小到藥妝，大到家電統統都有。

我沒有拒絕，抵達日本後為了買齊她的東西耗費許多時間東奔西跑，延宕行程，讓自己累得半死，甚至登機返臺時行李也差點超重。

回到臺灣後，我得到的不是感謝，而是一句：「啊？你買的比較貴，某某某比較便宜，我決定跟他拿。」

「但我都買回來了，怎麼辦？」

「不好意思耶，那我不要了。」

我氣得跳腳，偏激的決定以後再也不要出國玩了，何必吃力不討好自找罪受。可是，過了一陣子，我覺得自己好傻。為何要為了別人的問題，放棄發現世界之美的機會。若是為了這種事情決定不再旅行，那麼錯過美景、錯過體驗異國文化的人是我自己。

那些東西說貴不貴，說便宜也不便宜，但用來看清一個人，我阿Q的安慰自己很值得。

自此以後，我出遊都不再接受別人的囑託，只主動詢問自己身旁信得過的朋友，有沒有需要買些小東西。事後想想，我們不必因為別人的錯，就認為世界不再可愛，傷心難過需要發洩，但發洩以後還是要繼續相信世界的美好。

一個人的時間有限，原定的計畫被突然出現的人或事占據，最後只能把自己犧牲讓位。雖然說人情世故需要維繫，但習慣討好別人的人，很容易對不起自己。

不要當個濫好人，為自己的理想和未來多點打算。**想要做到面面俱到前，先思考是否對得起自己。**

絕大多數的人都害怕拒絕別人，哪怕這個拒絕是善意的，但還是害怕否定會打破彼此的關係。如果已經幫助過對方，發現自己無能為力，或是不想要，當然要勇敢的說不。不要害怕改變，也不要害怕離開。

離開不代表是錯誤的選擇，有些離開是為了更好的相遇；拒絕也不代表你們的關係結束，而是你們的關係需要建立得更有意義。當你確定了自己的原則之後，就不要一再的退讓，應該學會說不，學會去做自己。

在我看來，除非找到自己真正想追求的，不然永遠無法建立起自己的原則。你想要的到底是什麼？自我、家庭、工作、機會、好朋友、好同事？如果內心沒有方向，根本不知道為什麼要幫助別人，恐怕會落得只是一味瞎忙，卻一無所獲的下場。**掌握人生的主動權，才能挖掘更真更好的自己。**

No 09

不要拿著別人的問題，來讓自己更難過

改變的關鍵在於對方，
如果你能做的都已經做了，那麼就不必再糾結於對方的人生。

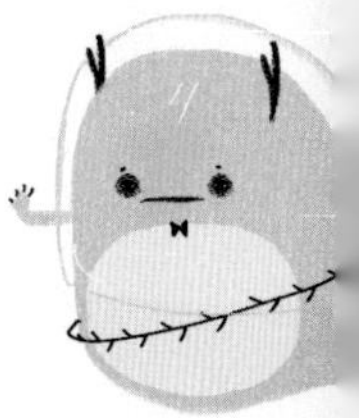

不管在職場、學校，或者日常生活，你身旁是否曾經出現過這樣的人？

討厭自己、埋怨周遭的所有事情，可是他知道這樣下去不行，總想改變卻又離不開泥淖。

於是他向你求援，只是你的建議就算被採納了，最後總有一大堆做不到的藉口。他喜歡用「可是」兩個字做一句話的開頭。

「可是，時間不夠、學歷不足、能力沒到……」

「可是，事情沒有你想的那麼簡單。」

身為好朋友的你替他著急，到最後關心則亂，兩個人不斷重蹈覆轍，沒有解決問題，甚至換你開始糾結自己的無能為力。

從一開始的義不容辭到糾結無奈，再到恨鐵不成鋼和最後的無計可施，你們有過太多的爭執和不歡而散，他開始認為你不夠有同理心，你不值得替他分憂解難……

你有沒有意識到，所謂的關心也是要設停損點的？

我們確實是該多關心別人，當朋友陷入低潮時，適時的拉他一把，**但改變的關鍵在於對方。如果你能做的都已經做了，那麼就不必再糾結於對方的人生，更別讓別人的問題妨礙到自己的生活。**

以我自己為例，自從在粉絲團開放回答問題後，開始有許多人在遇到瓶頸時，會來尋求解答，但當我給予意見，他們卻告訴我：「可是怎樣怎樣……」有各種做不到的理由。

如果每一個人都試圖說服或者改變對方的觀念，只會把自己累死。

選擇是他的，不是你的；每個人都必須走出自己的一條路，責任必須由自己承擔，如果他不願意改變，**那麼一切問題的根源並不在你身上。**

就好像，若想感受快樂，就必須打破自我內心的牢籠；不然就算給他整片天空，他也只會看到憂鬱的藍色。

曾經有一陣子我會害怕，如果不聽朋友的抱怨，是不是代表自己不夠有義氣？會不會以後就不再是朋友了？

如果只是因為不願再當對方的情緒垃圾桶，友誼就此決裂，這樣根本就不叫朋友，而只能叫認識的人，因為真正的友情沒有那麼禁不起考驗。

人生的路上我們會遇到各式各樣的人，不是每個人都聽得進勸告、願意改變，在幫助對方之前，必須評估自己的能力，如果最後還是無能為力，也不要太過自責。

漸漸地，你會發現，世上有太多人，太多事會讓你失望，而你最不該的，就是讓自己失望；遇到屢勸不聽的人，先學會對得起自己，不要吝嗇付出關心就夠了，**千萬不要拿著別人的問題，來讓自己更難過。**

冒牌生說：

不要再告訴我三十歲要做什麼了！

是時候把自己歸零，傾聽內心的聲音，走出屬於自己的人生了。

三十歲大概是人生最痛苦的時候。

受古人所謂的「三十而立」所累，這個年紀的人被期許要成家、立業、生子。已有家庭的人常常是上有高堂，下有妻兒，夢想逐漸遠去，現實頻頻來襲，壓力怎麼能不大？

「二十歲時，臉書朋友們只做三件事：結婚、懷孕、生小孩；三十歲後臉書朋友都在離婚、減肥、罵小孩。」

這雖然是一句戲言，卻能反映三十世代所遭受的困境，青春年華逐漸被生活壓力、社會期待浸蝕，讓我體會到人不會瞬間變老，而是漸漸變老。

但很多壓力是人們自找的，就連逛個書店觸目所及的一大堆書，都在提醒你

《三十歲了，你該怎麼辦》、《三十歲以前一定要知道的事》、《三十歲以前要學會的二十一件事》……

曾有位雜誌社擔任數位行銷的編輯告訴我：「過了而立之年，覺得再找不到人生方向就完蛋了，但又不敢真正去做想做的事。」

雖然我明白三十歲是活生生的夾心餅乾，職場「前有強敵，後有追兵」，認為已不再年輕，夢想變成妄想，身分的多重轉換讓許多人無所適從……可是就我自己來說，三十歲了，不要再告訴我要做什麼了！

年齡其實是個假議題，很多事情不是到了三十歲就會突然頓悟，不管幾歲都有各自的煩惱，三十歲那年最該明白的，也許是不要把年齡當作任何事的理由。

三十歲了要結婚了？不！沒有要結婚的年齡，只有要結婚的感情。

三十歲了要成熟了？不！沒有要成熟的年齡，只有要成熟的心境。

三十歲不是檢驗點，年齡更不是人生鬧鐘，到了時間就會發出惱人鈴聲，不要因為三十歲就勉強自己趕進度，戀愛、結婚、生小孩應該是自己的決定，而非滿足社會的期望。曾經有人說，年紀越大自己似乎越難相處，但實際上那是因為你變得更了解內心想要的到底是什麼。

三十歲是人生最黃金的時期，這時候開始有些經濟基礎，再加上人生閱歷變多，逐漸明白內心真實的渴望，以前那些在意的變得沒有那麼在意了，但不是妥協，而是懂得為了達成目標，必須有所取捨。

我的朋友曾經在三十歲那年送給自己一份禮物，她拿出一張紙，寫下想做卻還沒做的事，她的三十歲清單有：學吉他、去跳傘、一個人到日本自由行……檢視自己曾經的遺憾，在三十歲那年逐一完成。也許有些事情很難在短時間達成，但她還是朝著自己的設定慢慢執行，送給自己一份最棒的禮物。

三十歲了，你可以過得很痛苦，但也可以不要照著世俗的期望過日子。而不管你想怎樣，記得現在的你，不要再跟著別人的腳步找路，三十歲了不是三十「碎」了，是時候**把自己歸零，傾聽內心的聲音，走出屬於自己的人生了。**

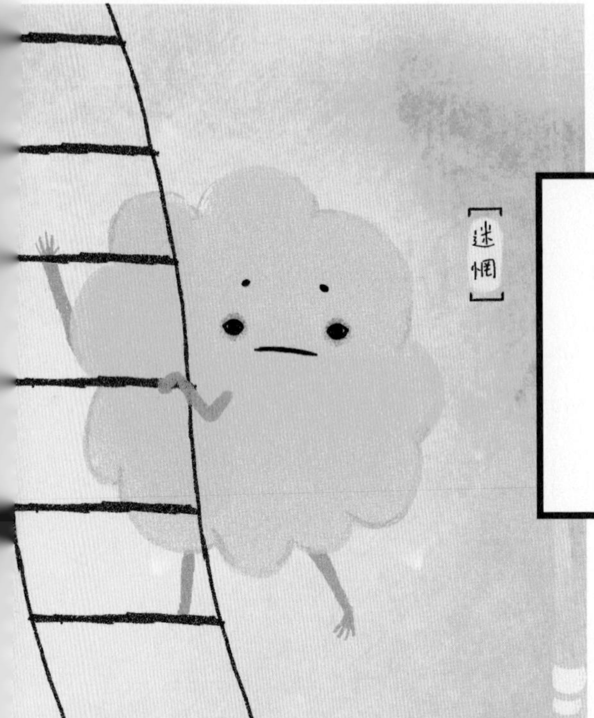

CHAPTER

2

面對比逃避更需要勇氣

生活有時候像檸檬，
會酸得讓你不可置信，
你能做的就是面對，
然後盡最大的努力解決問題，
相信一切會好的。
讓自己有嘗試失敗的機會，
也讓自己有機會振作起來；
只要有勇氣邁前，
生活就會賜予你一個嶄新的開始。

No 01

離家出走：逃避，是最廉價的解決方案

面對，然後盡最大的努力解決問題，相信一切會好的。

我在學生時代，有一次段考徹夜讀書，因為壓力太大，我功課做到一半忙裡偷閒看漫畫紓壓，不幸被爸媽發現，被狠狠訓斥了一番，他們怕我再偷看漫畫，於是便當場把漫畫撕掉，還下了道禁足令。

我雖然是個聽話的孩子，但小小的心靈也有自己的尊嚴，被罵、被撕漫畫，父母的責罰讓我覺得不受尊重，一氣之下做出離家出走的決定。當晚凌晨四點，我偷偷收拾行囊，拿著一點紅包錢，打定主意離家出走。但到了外面才發現我無處可去，無奈之下只好到麥當勞打發時間，沒多久，天慢慢亮了，心裡也開始胡思亂想：以後該怎麼辦？

曾經有人說：「離家出走只是逃避，解決不了問題，要想想愛你的人，想想父母，他們深愛著你，儘管有時候意見不合，他們的決定不是你想要的，但出發點都只是想給我們一個更好的未來……」

這些話你我都知道，但當失去理智時，這些「忠言」卻顯得「逆耳」。決定離家出走的那一刻，我心裡想的很單純，離開是為了向爸媽抗議，如果回家了就是投降認輸。冷靜之後，坐在空蕩蕩的麥當勞裡，腦中開始湧入了各種聲音：父母對我的要求一向很高，他們一定對我很失望，我要怎麼面對他們的失望？錢夠不夠用？如果用完了該怎麼辦？我要住在哪裡？真的要回家嗎？父親那麼衝動，回家後他會不會狠狠修理我一頓？

我不曉得該如何面對他們的情緒，一想到有可能會再被修理，而且踏進家門就相當於認輸，我就更不想回家了。但想像終究是虛幻的，人畢竟要面對現實，第二天晚上，身上的錢快用光了，沒有辦法，只好硬著頭皮回家。

年少時防禦心極強，即便回家我依然沒有一絲悔改，雖然自己明白有些不應該，但也埋怨爸媽，難道沒有更好的處理方式嗎？

即便我態度強硬，父母也沒有低頭，最後，我被父親狠狠地修理了一頓。

那次我印象很深，因為他邊打邊碎念著：「離家出走！你很厲害嘛，你知道這兩天你媽媽跟我有多擔心嗎?!」

被痛打的我忍不住哭了，只是「抱歉」兩個字依舊無法輕易說出口。

爸爸體罰完後，我一言不發默默回到房間，過了幾分鐘，媽媽拿著面速力達母到我的房間幫我擦藥。但我與母親，並沒有敞開心扉互相道歉，更沒有戲劇化的抱在一起大哭，這種化解心結的場面並不見得適用在每個家庭。

五年後，我出國讀書，有一年放暑假回到臺灣，此時換成弟弟面臨升學壓力，場景變成他在準備考試的時候玩手機遊戲，結果手機被爸媽沒收，當下爸媽和他鬧得很不愉快。那時候，我才回到臺灣第二天，因為時差而無法入睡，深夜發現他的房門是開的、燈也沒關、床上的被子亂七八糟，我找遍了全家都沒發現他的身影，這才發現——天啊，弟弟離家出走了!

我著急的叫醒爸媽，然後全家出動，找遍了住家附近弟弟可能會去的地方：便利商店、網咖、麥當勞……都沒有他的身影，爸媽的神色疲憊、擔心難過，緊張的想到警察局報案，我看著父母憔悴的模樣，突然想到幾年前那個離家出走的自己，原來是這麼的讓家人擔心不安。

最後，我在一家二十四小時營業的網咖找到弟弟，勸他回家。他的擔憂跟我當年一樣，回家是不是代表低頭認錯，會不會被父親修理？我讓他先待在網咖，自己先回家向爸媽報平安。不同的是，弟弟比我幸運，爸媽這次先低頭了，也做出保證不再修理他，會用溝通解決問題。

事情平安落幕後，我私下有點吃味的對媽媽說：「你們太偏心了！都沒有處罰弟弟，不像我當年被打得皮開肉綻！」

「你是我們的第一個孩子，我們也在學習如何為人父母，也希望可以做得更好。當年你離家出走以後爸爸修理了你，他到現在還是很後悔，所以這次遇到弟弟的狀況，我們也是因為那次的學習，才明白應該用更開明的心態去溝通。」

聽完媽媽的解釋，我才逐漸釋懷。

沒有人是天縱英才、生下來就會做所有事情，為人父母也是需要學習的。

遇到家人之間意見不合的時候，也許你曾跟我一樣，想藉著離家出走以表達心中不滿，又或者內心常有爸媽不理解我的念頭，這些都很正常，也是成長階段必經的路程。

每個人的學習機緣不一樣，作為一個哥哥，弟弟的離家出走，才讓我對青少年的叛逆、父母心中的擔憂，都有所體會，也明白了由於立場不同，導致情緒也截然不同。

人總需要多一些經歷，才能更了解彼此，所以就算當下你還不能寬容的看待對方，但要懂得設身處地的為其他人著想。面對衝突的時候，如果無法立刻解決，又或者對方說什麼都聽不進去，那麼就先給彼此一點獨處的空間和時間吧！冷靜處理情緒，再來解決問題。

生活有時候像檸檬，會酸得讓你不可置信，**你能做的就是建立一顆願意面對、開放溝通傾聽的心，然後盡最大的努力解決問題，相信一切會好的。**

No 02

成長，是兩代共同的功課

用你的行動讓他們放心，
用你的言語讓他們知道自己被關心。

我跟Joyce認識十多年，她好幾年沒有談戀愛了，單身那幾年，她的耳朵幾乎被媽媽念到長繭——她的家人總是希望她趕快交個男友，不要孤獨終老。

我能理解Joyce的壓力之大，即便我這個外人也曾體驗到伯母的「關心」——身為Joyce的異性好友，很容易會被她媽媽誤會成是她的男友。

好不容易，Joyce終於交了男友，卻又發生讓她意想不到的狀況。

某一天，她忘記告訴媽媽晚上要加班不回家吃晚餐，第二天又因為原本排定的約會而沒有回家吃飯，她媽媽為此心情不佳，說了幾句酸溜溜的話：「現在會賺錢就了不起了；戀愛了就不要媽媽了。」

她聽完有點難過，跟我抱怨幾句：「以前單身時總被往外推，現在開始談戀愛了又被媽媽認為忽略家人，似乎怎麼做都不對……」

我非常能夠體會她的心情，勸道：「妳也沒有不要媽媽啊，只是長大後都會需要自己的空間。妳媽媽當年不也是這樣嗎？」

「那該怎麼辦？」Joyce問：「要主動勸她放手嗎？」

「千萬不要！」我急著告訴她：「難道妳不知道跟父母有三件事千萬不能做嗎？」

「哪三件？」她疑惑的說。

「第一，千萬不要跟父母吵架，因為吵贏了妳挨打，吵輸了妳挨罵，怎樣都是妳倒楣。」

「第二，千萬不要跟父母記仇，因為他們絕對比妳更會翻舊帳，畢竟妳是他養大的。」

「最後，千萬不要跟父母談自由，因為那只會讓他們認為妳翅膀硬了，白養妳一場。」

有些事，只能自己體會，千萬不能開口，千萬不能！

記得剛出社會時，我很想脫離家裡，或許是以前被綁得太死，沒有自由，為了能夠邊工作邊寫作，於是搬出家門後便很少跟父母聯繫，我跟他們說要靠自己，不想讓他們擔心（其實也怕家人的冷言冷語，不想自己的夢想被過度打擊），以為已經不需要靠家人的我，還曾經白目的跟媽媽說：「我已經長大了，妳自己要想開一點。」

媽媽一聽氣得回我：「好！你翅膀硬了，白養你了！」

話一出口我就覺得不妥，趕緊解釋說：「我還是很關心妳啊，只是一天時間就這麼多，我有自己的事情要忙，沒辦法隨傳隨到嘛。」

媽媽怒不可遏，衝著我直說：「不需要！我不需要你關心，你也不用回來看我！我也很忙！」

不懂事又拉不下臉的我聽到這話脾氣也來了，常常兩、三個禮拜不見人影，連通電話也沒有打回家。直到遠在大陸的父親知道了，私下說了幾句，我才明白自己的不應該。

學習新的相處模式是一門功課，即便經濟獨立，但感情還是會有連結，血緣關係是切不斷的。後來，我主動讓父母掌握行蹤，養成固定打電話回家、定時探望家人的習慣，回家也不見得要做什麼，可能一起看看電視、聊聊天，久而久之關係也改善很多。

隨著孩子成長、父母年紀漸增，兩代的親子關係往往產生很多微妙的變化。人生就是這樣拉拉扯扯的。有些事不用講得太明白，直接做就好；**用你的行動讓他們放心，用你的言語讓他們知道自己被關心。**

有時我們難免會跟父母意見不合，繼而發生爭執，這時候，不要忘了曾經有個人，從小到大對你百般呵護，時時提醒你天冷了多穿件衣服，錢要省著用，走路不要滑手機……雖然聽多了覺得嘮叨，沒聽到時卻又覺得想念。站在對方的角度思考，多點溝通，建立信賴感，關係才會更好。

NO 03

當你想決定自己未來的時候

你當然可以決定自己的未來，但同時也要願意承擔最壞的結果。

在紐西蘭讀大學時，曾有一次受到重大挫折，那時心裡沮喪難耐，半試探半認真的向父母訴苦：「我不想讀書了，反正讀了也沒興趣，不如回臺灣當兵，然後一邊投稿一邊朝著作家的路邁進。」

那次爸媽說：「等你以後能夠自己賺錢再決定吧！」

老實講，當時我吃家裡的、用家裡的，真要我輟學回臺灣並且靠自己打拚過生活，還真沒有那個勇氣。所以休學回家這件事就這麼不了了之。即便如此，當時心裡還是有氣，一聽到父母親帶著嘲笑的口氣否決自己時，心情還是會低落，親子關係也變得裹足不前。

畢業後，我到了面臨人生抉擇的階段——

因為渴望獨立，所以我告訴父母，找到工作後我想搬出去住。但他們聽了頗不以為然的說：「身在福中不知福，住外面哪有在家裡舒服？要花房租又要付飯錢，你那麼一點微薄的薪水，要怎麼在臺北討生活？」

我不知道其他人是否會如此？但我確實有這樣的感覺：人生在某一段時期，開始想替自己做主，但想做的事總是被父母限制，就算試著與父母溝通，最後總是以被罵收場，反對的理由都說是為了我好，說我不懂他們的用心良苦。這時會覺得，自己的人生似乎被父母的意志綁住了，很羨慕其他人多姿多彩的獨立生活。

進入職場一年後，想獨立生活的想法又蠢蠢欲動，我覺得自己有了一份穩定的工作，不想再住在家裡了，某天再次告訴父母想要搬出去住，而且我要成為作家！

他們聽了依舊反對，一來怕我吃苦，再來他們認為我涉世未深，想法太過天真，還是希望我能夠照著他們的想法，腳踏實地好好工作就好，等存了一筆錢，且工作更穩定後再考慮獨立生活。可是那次我也不知道哪裡來的勇氣，向他們落狠話：「我不要被控制，人生是我的，我的未來自己決定！我要搬出去！」

過了一個禮拜，我找了很多租屋處，無奈薪水少得可憐，預算有限下，根本找不到比家裡舒適的地方。那時候，我漸漸從任性中恢復了理智，於是我告訴父親，搬出去的事就再等等吧，我覺得好像還是家裡比較好。

原本以為他會因為我的順從而開心，會像以前一樣拍拍我的肩膀，包容我所有的決定，但他沒有。反而當著我和母親的面，嚴肅的說：「你長大了，說出來的話，就要自己負責。」然後走進房間，拿出行李箱，放到我的臥室，最後鄭重的說：「你的未來自己決定，以後要靠你自己了。」

突然之間聽到這句話，我最直接的反應不是興奮，而是害怕恐懼，和剛開始賭氣的說出「我的未來自己決定」的氣勢完全不同。

我轉向母親求援，希望她能替我說說話，可是沒有用。她也眉頭深鎖的告訴我，這幾天他們想清楚了，我說得沒錯，人生是你的，應該自己做主，他們無法替我承擔。

剩下的拉鋸戰，我因為心情太過混亂，也記不清楚了。只記得當時的我很無助，更對他們突然之間撒手不管產生強烈不滿，但木已成舟，我只能為自己的話負責——離開家展開獨立生活。於是兩個禮拜後，有點荒唐、有點殘酷，由父母駕著車，我帶著一個行李箱搬了出去。那段短短的車程，我們誰也沒說話，卻讓我終身難忘。

剛開始，我對父母仍有些怨懟，無法理解他們竟然真的叫我搬出家門。搬出去以後，我說要換工作，他們也不干涉，只說可以養活自己就好；我說要定期定額投資基金，他們不過問，只提醒要留些錢吃飯就好。甚至到後來，我想辭去工作專心朝著寫作的路發展，他們也沒有管，只有淡淡一句，你知道自己在做什麼就好。

原本對於父母我多少有些不諒解，但隨著時間推移，他們越是放手，我反而越認清現實，做事變得謹慎小心，很多事情考慮再三，因為我很清楚，再也沒有人可以替我出面做主，再也沒有一個人可以替我承擔後果。所有的事情，都必須自己一肩扛起。未來的所有路，必須是一個人走了。

隨著自己慢慢長大，一次次的獨自判斷，嘗過幾次甜頭，也受過幾次傷，我開始感謝父母當時的果斷，**謝謝他們讓我有嘗試失敗的機會，也讓我有機會振作起來，證明自己擔得起選擇的後果。**

你當然可以自由，也可以決定自己的未來，但同時也要願意承擔最壞的結果。

我們每一個人在做決定的時候，都希望有人給予回應，支持最好，反對也沒有關係，我們不見得是真的需要對方建議，而是需要一個理解，還有一個「看似」可以跟你一起承擔後果的人。

可是如果你聽到鼓勵的話才去執行，那麼你或許沒有充分理解接下來會遇到的挑戰，也沒有替自己留一條後路。**而且就算有了別人的鼓勵和支持，你也依然要記得，那個承擔最好或最壞結果的人，都是你自己。**

很多讀者會寫信給我，詢問人生的方向和抉擇。其中最常見的問題是：自己想做的，父母不支持的時候，該怎麼辦？

每當回答讀者問題時，有時候我會單純的鼓勵，有時候我不會回應，是因為我相信他們會靠自己做出最好的決定。而當我回應的時候，多半是因為那些問題，曾經我也遇過，我用自己的經驗做依據，希望能帶給讀者一些從不同視角看問題的可能。那不見得是你想聽的，卻是我最誠懇的回應。

只是，就算你跟我做出一模一樣的決定，也不代表會有一樣的結局。畢竟時間、背景、人物不一樣，最終你還是必須自己面對和承擔。

每個人一生要面臨的選擇太多了：選科系、轉學、求職、轉職，甚至戀愛……各項疑難雜症，癥結點都不在於父母或其他人是否支持，這些選擇更像是一道通往大千世界的門，門上有窗有鎖，我們往往只透過窗戶看到門後世界廣闊明亮，令人嚮往，卻忽略自己還沒通過拿到鑰匙的考驗。

父母不是你拿到鑰匙的考驗，他們是陪你走路的人，等到真的通過考驗，掌握鑰匙，再來和他們討論該怎麼做決定都還來得及。不要急著將自己的生活與父母親切割，我們真正應該說的是一句：謝謝。**因為他們在前面牽著你的手，陪你走了一段很久很久的路。**

No 04

人生沒有白做的事

沒有走過岔路，
就不知道自己想要的到底是什麼。

某天與朋友們聚餐，其中有個朋友工作了一陣子，正在準備高普考。

雖然是好朋友，但每次總會開他玩笑：「升高中考試，升大學也考試，現在出了社會還那麼愛考試，幹嘛跟自己過不去？」

他每次聽到都有點尷尬。

曾幾何時，公務員與好吃懶做劃上等號。許多人認為這是一份「工作半輩子、坐領一輩子」的工作，別說想要成為公務員了，就連準備高普考都會被某些社會的輿論指責：不思進取，沒啥出息。

他告訴我，因為家境不好，很想將父母親肩膀上的擔子扛到自己身上，所以他決定以兩年為期，全心準備公務人員高普考，希望得到較高的起薪，也期許未來的工時和福利相對穩定。

別人以為他不思進取，但他只是想讓家人過比較好的日子而已。只不過，一切理想尚在遠方，準備考試才是最難熬的時刻，除了要杜絕不必要的玩樂消遣。努力念書外，還得面對社會或朋友間不經意的嘲笑，即便拚命說服自己不要在意，內心仍然忐忑不安。

準備考試的人，最怕的就是若沒通過考驗，時間就全白費了。

但其實不應該用這麼功利的角度來看待這件事，考試考的不只是知識，試著回想一下自己在準備考試的期間得到了什麼？這幾年的考試準備，你學到更多的是時間管理和自律精神，也明白什麼是自己想要的。

籃球界的傳奇麥克喬丹，奪下NBA總冠軍三冠王之後，曾經有兩年的時間改打棒球，然後又回到籃球場，他又再度帶領公牛隊奪下三冠王。幾年後，他在自傳裡面寫著：「如果沒有那兩年的棒球生涯，我永遠不知道自己有多麼熱愛籃球。」

每個人都一樣，**沒有走過岔路，就不知道自己想要的到底是什麼**。

也許參加考試並不是我們一開始的生涯規畫，你也不曉得現在的決定是否正確。可是，不管它是你生命中的棒球還是籃球，**當一個人決定開始改變自己，用更好的自己去面對未來，那麼所有的過程就不會白費。**

有些事沒經歷過，未來也許會後悔，世上沒有什麼事情是白做的，沒有什麼路是白走的，我們的人生不是得到就是學到，插曲的存在自有其意義，只是現在的我們尚未明白。

等到有一天，回頭看來時路，你會發現人生早已變得豐富多彩，過去的迷惘、害怕都只是道路上的小小點綴，讓你的人生更有韻味。

NO 05

選擇什麼都不做，人生只會變成一個個的空白格

只要有勇氣邁前，
生活就會賜予你一個嶄新的開始。

有一句話說得好：如果愛上，就不要輕易放過機會。莽撞，可能使你後悔一陣子；怯懦，卻可能使你後悔一輩子。

這句話不只是適用於愛情，夢想、友情、工作……舉凡你付出過的所有事情，都可以套用。

有趣的是，在付出之前，總會有人問：我怎麼知道自己是否真的喜歡？

其實，不管是任何事，在我們尚未投入心力以前，很難知道自己是否真的熱愛。所有的質疑，都是源自於人對未知的恐懼。他們考慮的不見得是「真愛」、「夢想」，他們考慮更多的是害怕自己受傷。

人真是很奇怪的動物，在還沒得到的時候，就已經在考慮失去該如何是好，又

或者疑惑能夠擁有多久。

因為害怕付出會變成一場空，害怕自己會失敗，所以選擇什麼都不做，以為這樣就能把自己武裝起來，不必承擔風險，也不用負擔損失。但你會發現，**最傻的事情，莫過於害怕自己會受傷，而選擇什麼都不做。**

如果什麼都不做，人生會變成一個個的空白格，原以為的平淡安逸，其實是消極無聊。請你仔細想想，倘若生活沒有任何挑戰，雖然沒有壓力，但也沒有任何驚喜，只能得過且過、倦怠度日以至於更懷疑你的人生。

我們千辛萬苦來到這個世界，不是為了不夠美好傷心的，是為了讓世界變得更好。不要把時間揮霍在低落上，去愛、去憎、去珍惜、去擁有、去放下、去開心、去難過。

有句話是這麼說的，那些美好的日子帶來快樂，陰暗的日子提供體驗；**只要有勇氣邁進，生活就會賜予你一個嶄新的開始。**

還記得小時候，媽媽跟我講泰山的故事，叢林裡泰山總是拉著樹藤往前進，那時的我很好奇，拉著樹藤在樹枝間擺盪的過程中，總有幾秒是懸空的吧！難道泰山不害怕嗎？

那時候媽媽跟我說：「當然害怕，但他要在叢林中自在的來去，就必須克服恐懼，勇敢的持續向前。」

人生也一樣，想要向前，就不要害怕挫折。人生苦短，不要讓遺憾、後悔占據了你的時間。鼓起勇氣，微笑向前，創造更美好的未來。**記得，美好的未來只會在前方等你，而不是在過去。**

迷惘、害怕都只是道路上的小小點綴，
讓你的人生更有韻味。

NO 06

成長不必假裝自己瀟灑又豁達，而是感受當下情緒的可貴

瀟灑更像是事過境遷以後的淡然，在「當下」很難強求。

前陣子在整理舊照片時，突然看到一張國中時期褪了色的相片，這讓我想起一段往事。

小時候由於父母的工作，我平均兩年就會轉學，十歲那年，第一次面對離別，心裡很是不捨，還記得那時我哭得不能自已，捨不得周圍的朋友，彷彿受盡天大的委屈。

朋友們見到這情況也很擔心，怕我到新環境不適應或不開心，但我不想，也覺得自己不該讓他們擔心，於是暗自提醒自己，以後不要再陷入悲傷的漩渦，縱使離別也要瀟灑以對，這不僅是為了自己，更是為了那些擔心我的朋友。

國中畢業前幾個月，我要到南半球的紐西蘭求學，必須提前離開學校，想起了

當年和自己的約定，於是跟室友同時也是最好的朋友說：「與其傷心，不如開心度過最後的時光。」

我們同住在一起兩年了，這間宿舍有著我們共同的回憶，宿舍的牆面上貼滿了拍立得照片，記錄著我們在學校各式各樣的活動。

離校前一個月，室友對我說：「我們在你離開前，還是整理一些照片比較好，看要怎麼處理，我們再一起討論。」

我乍聽覺得很難過，畢竟當時都還沒離開，他就已經想著要清空宿舍。可是，我已答應過自己要瀟灑的面對離別，便用一副無所謂的態度討論拍立得的去留，還提出很多建議，比如說我會帶走自己的照片，留下他一個人，又或者把我的照片移走後，可以騰出更多的空間，擺他和新室友的照片。

他聽完也看不出情緒，可是最後總會笑著同意。等到離開前一週，我在他面前親手把照片拆掉，再也壓抑不住情緒，生氣說：「我都還沒離開，你就已經想把我的照片都丟掉。這兩年的友誼都白費了！」

「我才生氣，你根本不在意我們的友情，你拿的都是自己的照片，就從來沒想過留幾張給我。」

我看了看手上拆下來的照片，的確如此，但我這麼做的原因，是不想讓室友難為，「我以為你說要整理照片，是想騰出空間給新的室友用。」

「我是因為你要離校了，想選幾張合照讓你帶走做紀念，不是你說的那樣。如果可以，我才不想你那麼快離開！」

看著他強忍著淚水的臉，我才發現原來我們都在假裝瀟灑，反而造成誤會。

離別的時候難免傷心難過，但也**正是因為曾付出過自己的真心誠意，才會感到捨不得。**

任何緣分的開始和結束都有它的意義存在，與其想要強行控制自己離別的情緒，不如坦然面對一切聚散離合，約好下一次的相聚才是更重要的事情。

每個階段都有自己專屬的情緒，離別的難捨，重逢的喜悅……至於**瀟灑可能更像是事過境遷以後的淡然，在「當下」是很難強求的。**

如果為了故作瀟灑，忽略了那些關心你的人，只怕未來會有更多遺憾。

現在的我，看著手上那些褪色的照片，笑容依然還是彩色的。

此時我才終於明白，生命很短，開心的時候，就盡情的開心；難過的時候就盡情難過，能想念的時候，就盡情的想念，因為**人最可貴的，不是心情不再有波瀾，而是得以體會喜怒哀樂帶來的歡笑和淚水。**

每個人都有情緒，最珍貴的也就是這些情緒，該哭的時候哭，該笑的時候笑，緊張的時候緊張，豁達的時候豁達。**成長不必假裝自己瀟灑又豁達，而是感受當下情緒的可貴。**

我在看的是我喜歡的東西，我在分享的是我喜歡的內容，我在傷心、我在難過……那才是最重要的。

遇到挫折時也一樣，不必責怪自己為什麼看不開、放不下。不論是分離、失戀，還是失敗，事情剛發生時不會痛才怪。痛就讓它痛，淚就讓它流！沒有必要強迫自己笑對人生。可是難過以後也別忘了做你原本就喜歡的事，這就叫做愛自己。

No 07

有時候，我們都勢必得學會一個人冒險

不要把夢想放在別人身上，
才能體會人生。

Joyce十八歲的時候認識一個男生，那年他們剛升上大一，志趣相投的兩人都愛看電影，Joyce熱中浪漫愛情喜劇，男友喜歡漫威英雄系列作品；他們兩個後來在一起了，有個共同的目標，約好未來到美國生活，追求美國夢。

從那時候開始，Joyce把課餘時間都留給了打工，每個小時賺一〇八塊臺幣，戒掉了偶一為之的星巴克，放棄自己原本固定每週末的愛情電影時間，甚至推掉了很多朋友的邀約，因為她總想著：與其把錢花在享受上，不如存起來實現兩個人未來的夢想。

沒想到老套的愛情電影情節——劈腿在她的真實人生中上演，原本以為這個男人不一樣，但統統都一樣。她傷心難過，更多的是無奈沮喪，腦海中總是揮之不去男友最後的幾句話：「我真的很在乎妳，也覺得妳很好，但我配不上妳。」四年的感情畫上了句點，所有的事情亂了套，曾經的山盟海誓變成了滄海桑田，Joyce存夠了旅費，卻少了一起出發的人；美國甚至變成了一個禁忌，朋友們再也不敢在她面前提到出國的事情。沉寂了幾個月，Joyce繼續努力工作，看起來回到了正軌。

可是有一天她打了一通電話給我：「冒牌生，我要去美國了。」

「啊？那麼突然?!」我驚訝地問。

「不突然，我都計畫四年了。」Joyce笑著說，「我只是不想長住美國，但還是想去那邊看看。」

「也對，幹嘛為了一個不愛妳的人，放棄自己四年來一直想做的事呢。」我說，「有人陪妳去嗎？」

「不，這次我想來一場一個人的冒險。」

身為一個朋友，難免擔心她一個人出遊，但Joyce這次鐵了心，決定隻身前往美國東岸旅行，而且為了好好愛自己，牙一咬升等坐商務艙，選了一個靠窗的位置，看著窗外的雲海，感受飛機追著換日線，時間彷彿暫停的感覺。

那天，Joyce認識了坐在隔壁的ABC男生，對方熱情的向她介紹大蘋果之旅，相談甚歡的兩人在紐約相約見面，他帶著Joyce遊遍了紐約，從經典的自由女神像到布魯克林橋夜景，再從華爾街到國父華盛頓宣誓就職的聯邦國家紀念堂……甚至陪她一起搭乘雙層的紐約市區觀光巴士暢遊各大景點。

旅途結束後，Joyce約了我們幾個朋友出來聚餐，也分享美國之行的趣事。當她提到和那位ABC男生的邂逅，周遭女性朋友羨慕萬分，有個女性朋友對她說：「妳真幸運。」

Joyce點頭說：「對，我真的很幸運，找到了旅行的意義。」

「難道妳後來跟那位ABC男生在一起了？」我問。

「不是，後來我們沒有什麼聯絡，但他的確讓我重新感受到被重視的感覺。」Joyce說。

「那妳找到旅行的意義是什麼？」朋友A問。

Joyce微笑不語。

「是難過的時候出去走走，突然發現煩惱不過滄海一粟，沒想像中難熬？」我說。

Joyce還是搖搖頭。

「還是在旅行中看到新的世界，發現一個新的自己？」朋友B問。

面對我們的七嘴八舌，Joyce始終不置可否的搖頭不語。

「別賣關子了，」我不解的追問：「妳究竟找到了什麼。」

「出國當然很棒，讓我懂得了愛自己。」Joyce認真的說：「這趟旅行讓我明白，不見得要花大錢出國旅遊，但必須學會重視自己，**不要把夢想放在別人身上，才能體會人生。**」

的確，去哪裡不重要，有時候只是一個儀式，證明自己擁有重新出發的能力。一趟說走就走的旅行，不見得需要花大錢；騎著小綿羊到北海岸看看海，療癒的感覺絕對不比坐飛機出國旅遊來得差。

也許到一個陌生的地方，你可以重新開始，沒有人知道你的過去，也沒有人會提起你的不愉快，但如果你的心態沒有改變，永遠都不會快樂。

旅行的意義不只是看美麗的風景、邂逅一段浪漫的愛情，而是讓你回歸自己的初心，為自己而活。

懂得愛自己，才會讓你更值得被愛。

No 08

追夢只能勇敢出發，在跌跌撞撞中成長

我期待你勇敢的受傷，再勇敢的站起來去拚。

說兩個跟夢想有關的故事。

有一次演講，某個想成為社會記者的女大生告訴我，她很喜歡寫文章、觀察社會現狀，想成為意見領袖卻又不太敢分享自己的觀點，每當發生熱門社會議題，她都只敢將自己的想法寫在自己的小本本上。她問我，要怎麼才能像我一樣，在網路發表文章，並得到很多人的認同和肯定呢？

我問她，為何不成立一個部落格或分享在自己的臉書塗鴉牆？

「因為怕觀點有誤、寫得不好。」

「寫得不好又會怎麼樣呢？」我問。

「會被朋友笑或者得罪人，而且也有可能會影響到別人。」

當時我心想，這個答案有兩層含意，首先她太在意別人目光了，所以不敢展現自我。我們在生活上常有許多夢想，卻因為太多的瞻前顧後，將自己放得太大不願嘗試；第二她把自己看得太重要了，其實，現代社會資訊傳遞方便，大家有哪種名家專欄沒看過，有什麼樣的觀點沒聽過，要說一篇文章就能把人洗腦，是有點低估閱聽者的判斷能力了。

再說，即便現在網路的影響力無遠弗屆，但也因為資訊爆炸，丟上網路的文章，依然有高達百分之九十的機會是石沉大海無人聞問。

在還沒有做出任何嘗試前，不要把自己看得太重，而應該要鼓起勇氣嘗試。就算受傷也沒有關係，因為**世界不會因為你的失敗停止轉動，先開始再堅持，才能在被批評的過程中，發現夢想真正的形狀。**

另一次，是一封男孩的來信，裡面寫著因為近期參與幾次社會公民運動後，他想成為捍衛社會公平正義的一分子，成為法律人，透過法律改變社會現況。可是真的成為法律系學生後，卻又發現學校教的跟想像不一樣。他說，自己開始徬徨了，法律容易被權力者操弄，別說捍衛公平正義，有時候甚至還保護了壞人，不進入立法的核心，根本沒辦法改變任何事。

他深感自己浪費了大學的兩年時間，從衝撞體制到被現實馴服，壓力源源不絕，想要轉系卻又覺得對不起自己以及一起努力的同學們，不知道如何是好。

改變不是不可以，但重要的是思考自己當初為何要做這件事。

任何事都一樣，不可能一下子就踏入核心，每件事都是由淺入深，由外圍到核心，任何事別想要一蹴可幾。從進入學校學習到畢業只是一個開始，正式踏入職場才是追夢的起點，與其想著一畢業就踏入核心，還不如重新看看當初鼓舞你的力量來源。

這兩個故事，反映出人們在追逐夢想中常陷入的迷思。根本還沒開始就選擇放棄，開始以後覺得太難而迷惘。有時候，我們看到困難會想保護自己的脆弱。可是**面對夢想，我期待你勇敢的受傷，再勇敢的站起來去拚。**

夢想就是因為跟想像中的不一樣才有努力的價值，若是一切都跟想像一樣那還有什麼樂趣可言。

真的想要，就不要因為未來太遙遠就選擇放棄，生涯規畫雖然可以改變，但算一下時間吧，距離做到自己真正想要的還有多遠？如果重新再開始做別的事情又要多久？哪一個比較值得？身在局中的你會比旁觀者更清楚，不清楚可能只是不願意面對而已。

追夢只能勇敢出發，在跌跌撞撞中成長。最後，再套一句我的書名來做結尾吧：「為夢想跌倒，痛也值得！」

冒牌生說：

不要把迷惘當作壞事

迷惘，源自於你想走出一條更好的路。

「冒牌生你好，我現在高二，對於未來很迷惘，對現在讀的組別沒有興趣，很想轉學，卻不知道該怎麼辦才好？」

「冒牌生大大您好，小弟有些問題想請教您，小弟是南部人，出社會一年了，在南部找不到好工作，因此想去北部試試看，卻不知道是該破釜沉舟毅然北上，還是先累積一點經濟基礎再做打算，心情很迷惘希望冒牌生大大能給予建議，謝謝（嗚）！」

這些提問都是我從網友傳來私訊中截取出來的，說實話，這樣的問題很普遍，因為迷惘而來尋求解答的人不只是高中生、大學生，還包括出了社會的人，其實就連我自己也時常陷入迷惘之中。

隨便翻翻動態時報，迷惘的事情隨處可見：要考試的時候，換工作的時候，想要出國打工旅行的時候，總而言之，當你想要邁向一段新旅程，卻又還不確定是否能夠得到回報時，你就會感到迷惘。

有時候，迷惘會讓人變得焦慮，進而情緒化，脾氣變得急躁，卻又敏感脆弱。我經常在寫文章的時候陷入這種情緒，躲起來不見人、不工作、不理朋友，告訴大家最近狀態不好，別找我。

曾經有一次，雜誌社的截稿日到了，我猛灌咖啡熬到凌晨四、五點，才終於生出了一篇，第二天一早交稿時，裝作毫不費力的問編輯：「怎麼樣？」

對方婉轉地表示，希望能夠稍作修改，我也輕描淡寫的點點頭，說沒問題。結果當晚又熬到三更半夜，第二天再度裝作毫不費力的交稿。

這次對方說，比較符合她的想法了，可是……

聽到這裡，我心都涼了。心想，這東西是我構思兩天才搞定的，有這麼爛嗎?!我當下迷惘到了極點，認為自己沒有才能，沒有天分，到底該怎麼繼續寫下去！

果然，在卡通裡面那種睡了一覺，靈感突然如泉湧，或者童話故事裡，在睡覺時會有小精靈幫你搞定一切，這些事情根本都不會發生！

我們每天都必須跟迷惘打交道，但不要深陷其中。面對迷惘，最重要的是，你必須邁出腳步，學會成熟的、誠實的去接受它。並且理解，**世界上的任何奇蹟，都必須透過千百倍的努力才能得到。**

迷惘，源自於你想走出一條更好的路，不要把迷惘當作壞事，因為那代表著你有一個目標去追尋，你並不遲鈍，知道前方不會一帆風順，而人有恐懼、人會脆弱、人有極限，所以才會躊躇不前。

通常我們會迷惘，是因為未來太遙遠，既然如此，那就先設定比較近的目標，循序漸進的朝著想要的方向前進，此時你會發現即便進步得很慢，但你正在讓自己變得更好，並試著尋找一條出路。

人生中唯一不變的事情就是一直改變，這也正是生活最真切的樣子。未來充滿變數，改變隨時都在發生，難免會不知所措，但只有你能夠幫助自己度過難關。

CHAPTER

3

周遭的流言、負評……認真你就輸了！

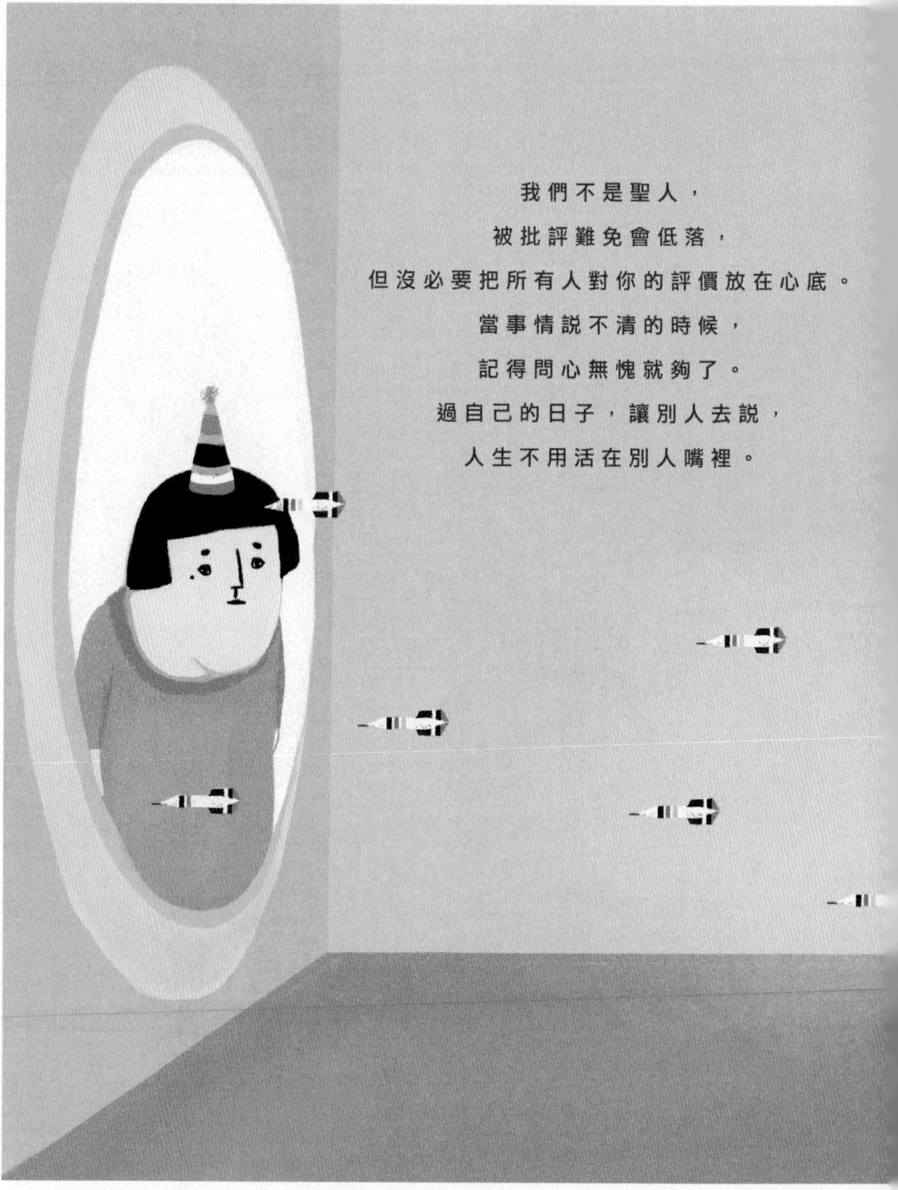

我們不是聖人，

被批評難免會低落，

但沒必要把所有人對你的評價放在心底。

當事情說不清的時候，

記得問心無愧就夠了。

過自己的日子，讓別人去說，

人生不用活在別人嘴裡。

No 01

人生最難的就是拿捏肯定自己和接受批評

你的特別不需要向任何人證明。

以前，我非常在意別人的評價，正面的讓我開心雀躍，負面的則會讓我難過很久。有陣子我常被取綽號，有些綽號是好的，比如說帥哥，聽到會很開心，但如果綽號是胖子、怪咖等負面形容，我就會感到沮喪，甚至形成陰影久久揮之不去。

記得小時候，有一陣子媽媽總喜歡叫我「大顆」，用臺語念起來就是「大胖」的意思，原本我對這綽號並不反感，因為媽媽叫我大顆，聽起來親暱大於嘲諷。

直到有一天放學突然下起大雨，我沒有帶傘，正打算和一群朋友冒著大雨衝回家，一踏出校門就看到媽媽和年幼的弟弟在等我，她拿著一把傘對我說：「大顆，我們來接你了。」這句話剛好被身旁的同學聽到，從此以後我在學校的綽號也變成了「大顆」。

這一天之後，我變得好討厭「大顆」這個綽號，也不喜歡這樣叫我的人。每次聽到有人叫我「大顆」，就彷彿在我身上一次又一次的貼上標籤，明明我也沒胖得那麼誇張，卻被講得好像胖得天怒人怨；明明我不是他們講的那樣，卻要一再的證明自己不是。「大顆」、「大顆」、「大顆」……同學之間的幾句戲言，傳到我的耳朵裡盡是嘲諷。

之後我跟著父母到中國念書，我決定重新樹立一個形象，特地和媽媽約法三章，不准再叫我「大顆」，媽媽也答應了，可沒想到竟被當時年紀尚小的弟弟不小心說溜嘴，於是這個外號又跟了我兩、三年（囧）。

直到我獨自去紐西蘭念書，到了那個沒有人認識我的地方，沒有人知道我的小名叫做「大顆」，沒有人會笑我是「大胖」，我更不用擔心弟弟不小心說溜嘴；漸漸地，我擺脫了「大顆」這個綽號，只剩下了我的英文名字——Leon。

後來在紐西蘭，有次下課突然下雨，我待在教室，看著同學們一個個的被父母們接回家，最後教室只剩我一個人，直到雨停我才離開。

那時候天都黑了，我走在異國的街道上，突然很想念媽媽的那一句：「大顆我們來接你了。」

等到再大了一點，出了社會，原以為成人的世界不會遇到那麼幼稚的事情，卻發現不然，我們還是會遇到有人會幫你亂取綽號，有人說你不夠好，甚至還有些人會因為別人貼了一個「我不喜歡你」的標籤，也沒有理由的討厭你。

慢慢的，我發現人生就是這樣，你會遇到喜歡你的人、被你喜歡的人、討厭你的人、被你討厭的人；但你的本質，並不會因為別人的看法而改變。

就好像之前我曾在「冒牌生粉絲團」分享過一則貓的比喻：「如果你是貓，別人罵你狗，你也不會真的變成狗，貓不會因此生氣；如果你是貓，別人把你形容成獅子，你也不會真的變成獅子，所以貓也不會因此而開心。」

我們不是聖人，每個人當然會有情緒高低起伏的時候，被批評難免會低落，此時可以狠狠罵幾句，或是找個朋友出來吐吐苦水，但沒必要把那些人對你的評價放在心底。

畢竟，那些人不是你，他們甚至不認識你，更不清楚你的本質，你也毋須向每個人證明你的本質，與其把時間浪費在他們身上，不如用隨遇而安的態度生活，把心留給真正在乎它的人。

我們永遠都會遇到喜歡你的人和不喜歡你的人，還有些人不夠了解你，用一知半解的態度做出對你的評價。那些中肯的建議把它放進心裡，默默改進，那些來找碴的批評就不要理會。

也許乍聽之下，我們不見得能分得清善意和惡意的評論，但時間會留下真正對你好的朋友，在那之前學會替自己堅強吧！

有時批評不是來自於他人，而是自己。

你對自己的身材不滿意，會認為自己毫無特色；如果你不擅言詞，總認為自己無法給人留下好印象；如果你剛分手，會悲觀地認為自己再也找不到下一個愛你的人……其實，你只是看到自己的缺點，卻忽略自己的優點。

大多的時候，你沒那麼不堪，但人性很矛盾，**即使渴望被了解，卻又擔心自己的弱點曝光**，導致我們害怕表達真實的自我，假裝不在意，其實那就是自己彆扭的個性作祟。

人生最難的就是，拿捏肯定自己和接納批評的那條分際線，坦率的面對自己的優缺點，就能接納不同的意見。

少花一點時間討厭自己，多花一點時間愛自己，向身邊愛你的人說聲謝謝。記得，你的特別不需要向任何人證明。

№ 02

當你知道朋友在背後被嚼舌根的時候

謠言止於智者，不要讓自己成為傳播是非的人。

當你聽到，你的朋友被人在背後嚼舌根的時候，你會怎麼做？

一般人在聽到時會替友人感到不平，但礙於現況不方便當場反駁，於是只能在暗中把訊息轉告當事人，希望他注意。

可是怕就怕自己的一番好意弄巧成拙，就像《蠟筆小新》裡住在野原家隔壁的歐巴桑，雖然她本質不壞，但每次聽到八卦消息，還沒確認是不是真有其事，就迫不及待的無風起浪。今天告訴美冴，明天再和其他鄰居聊聊，把馬路消息變成茶餘飯後的話題，傳播是非，最後就算發現沒有這件事，錯誤的訊息也早就已經深植人心了。

原本希望可以居中協調，最後反而變成事件的主角，被當成道人是非的三姑六婆。這種「公親變事主」的經驗，相信許多人都心有戚戚焉吧！

但什麼都不說，又擔心自己會變成「在背後道人是非」的共犯，那麼在聽到朋友被嚼舌根的時候，應該現場勸阻，如果沒有，就沒必要再把流言蜚語轉告給當事人了。畢竟，人們總是特別在乎充滿惡意的訊息。既然你知道，**「謠言止於智者」，就不要讓自己成為傳播是非的人。**

曾有位網友留言說，他就是那個被道是非的人，聽到的當下只覺得難過，但慢慢體會到，別人口中的討論並不會改變他的本質，若有人因為這些流言而改變對他的看法，那麼這些人就不是值得深交的朋友，既然如此，又何必為了他們傷心。

另外還有人問我，如果發現某個共同朋友，表裡不一的對待好友，又該選擇講還是不講？

我認為，更需要探討的，反而是什麼叫做「表裡如一」。

比如說，我有兩個朋友，一位是不熟悉的A，另一個是熟悉的B，針對一件不滿的事，我對不熟的A就不會說得太多，頂多聊幾句無關痛癢，或者打個哈哈。

這不代表不真誠，而是代表你懂得說話的分寸。人際關係之所以複雜，就是在於人有很多的面向，在對待不同交情的朋友時，會有不同程度的表示。

在你還不夠認識一個人的時候，就對他掏心掏肺、知無不言，只怕到最後受傷的還是你自己。那些抱怨、太過於負面的情緒，留給真正很熟悉的朋友就好。因為在他們面前，你才可以肆無忌憚的做自己。

況且，你又怎麼認定那位被你認為表裡不一的人，和你的朋友之間的交情有多好？可能對那位被認為表裡不一的人來說，跟你很熟的朋友B，只是他認為不熟的朋友A罷了。

別人表達情感的方式我們沒辦法干涉，所以當你認為有人表裡不一的對待自己的好友時，或許會無能為力，但我們絕對可以做到的是，在好朋友受到傷害、難過的時候，有你陪在身邊。

因為朋友之間真正難得的，不只是推心置腹、無話不說，而是懂得相處的藝術，拿捏陪伴的距離，還有當**所有人都棄你而去的時候，仍然有一個朋友不離不棄，堅定的站在身邊真誠的陪伴**。

希望你找到那個朋友，也希望你成為那一個朋友。

No 03

「誠實」不是不禮貌的藉口

若是真想要坦率的做自己，
那就得時時把尊重和善良放在心裡。

曾有一次，某個玩cosplay的女孩在自己的臉書粉絲團貼了一張照片，附上文字問大家：「你們喜歡我什麼？」

多數網友留言是善意的，「喜歡妳cosplay的動漫人物」、「喜歡妳的照片」、「因為正」……唯有一個特別引人矚目的留言，上面寫著：「因為奶子。」

這句話讓女版主感到不舒服，她刪除並封鎖留言，但好事者唯恐天下不亂，早將圖文擷取下來，然後上傳臉書，大剌剌的寫著：「說實話有錯嗎？」

這只是發生在我身邊的其中一個案例，實際上，現在特別流行自以為幽默、自以為誠實、自以為直腸子，某些人有意也好，無意也罷，總用「心直口快」當擋箭牌傷害他人。他們用誠實來包裝自己的不禮貌，只有在自己需要幫忙的時候，才會一改原先傲慢的態度，嘻嘻哈哈的說：「哎唷，我就是講話直接嘛。」一句話就想替之前的行為開脫，彷彿不原諒他還是你的錯。

人的確可以直率，但更要對自己的言語負責。說實話沒有錯，現在人特別追捧不做作、鄙視虛偽，同時也怕被扣上「虛偽」、「做作」的大帽子。但所謂真性情並不代表就可以口無遮攔。

「說話直接」與「白目」通常只有一線之隔，「心直口快」拿捏不好恐怕會變成「信口開河」。有時候，這些道理是矛盾的，尤其現在的社會總是鼓勵所有人表達真實的自己，follow your heart，可是同時又必須顧慮到別人的感受，到底該怎麼做才是對的？

不用想得太複雜，這兩件事並沒有互相衝突。誠實的面對自己，也意味著要給別人更多的尊重。相由心生，說話也一樣。**若是真想要坦率的做自己，那就得時時把尊重和善良放在心裡**，畢竟說者無心，聽者有意，那些隨口一句造成的傷害往往最痛。

有些誠實到白目的人，其實是想擺脫社會規範的束縛，證明自己的不同。

社會給我們設置無數的規範，從小到大，在每一個選擇的十字路口，我們都被無處不在的強大力量牽引與束縛。青少年在自我價值觀尚未成形時，為了擺脫那種束縛，常會做一些出格的事情以證明自己。比如，說一些傷害別人的話，或者傷害自己的舉動，就為了證明自己可以。

《海賊王》裡面有一段故事，魯夫曾在孩提時代為了證明自己可以成為徜徉大海的海賊王，他在眾人面前往自己臉頰刺了一刀，留下一個永久的傷疤。那道傷痕代表了魯夫的決心，是成長的印記，但並不是在自己身上劃上刀痕就可以擁有航向大海的勇氣。他忘記了一個真正有勇氣的強者，不是看他可以傷害多少人，是可以幫助多少人。

同樣的，在建立自我價值的過程中，有些人只顧著說自己想說的話，做想做的事，卻忘了要顧慮他人的感受。**誠實不是原諒唐突和冒失的藉口，如果為了彰顯自己的直率坦白，而措辭尖銳傷害他人，那不叫做自己，那叫自私。**

如果別人直接的言語傷害了你，還不當一回事，你大可不必跟他計較或爭論，因為很多事情一體兩面，說不清是非對錯。但我們只要堅守自己的原則，抱持著同理心與人交往，對方一定能夠感覺到你的善意，接下來就讓時間替你留下真正重要的朋友。

而那些一開始就用「誠實」來包裝自己不禮貌的人們，被討厭也只是剛好而已。

NO
04

人生不需要解釋

過自己的日子，讓別人去說，人生不用活在別人嘴裡。

你說，從朋友那邊聽到，有人不喜歡你，得知的那一刻好難過，左思右想，明明和他不熟，也不知道哪裡得罪他，想化解彼此的誤會，卻又不知道該怎麼突破；想想又覺得自己可笑，明明就是一個陌生人，為什麼要那麼在乎他的看法？

我回答，前陣子我也遇到類似的狀況。莫名其妙的捲入一場網路的口舌之爭，在朋友的動態時報評論按了個讚，並回應「跟進」兩個字，第二天被網路新聞報導，公親變事主，很快的粉絲團湧入一群陌生人，他們把找碴包裝成關心，把霸凌偽裝成正義，連我在奶奶的生日宴戴帽子自拍，都被拿出來嘲笑。

人心畢竟是肉做的，就算面對的是陌生人，被刺到還是會痛。

有朋友問我：「既然在意為何不解釋？」

這是因為，對我來說解釋的對象和目的，才是更應該要思考的。

真正相信你的人，不必解釋。

搖擺不定的人，根本不在意你的解釋，他們只是來看熱鬧而已。

不相信你的人，解釋只會被認為詭辯。

朋友和我分享的一段話說得好：「你聰明便會被說成心機重，你靠的是努力有人會說你運氣好，你說自己天生樂觀有人會說你虛假。有時，你明明就是一杯白開水，卻被硬生生逼成了滿肚子憋屈的碳酸飲料。」

後來我選擇不解釋不回應，那不代表心虛，而是因為我開始明白，解釋的目的不是讓所有人都肯定你，更何況，大部分的人只是來看熱鬧的，你的解釋可以讓他們看到更多的熱鬧，變成茶餘飯後的話題。

如果真的想要解釋，那麼也要分清楚對象。

對真正在乎你的人解釋，對陪在你身邊的人解釋，不用對所有人解釋，更不用奢望所有人聽完你的解釋都能理解你。而當事情說不清的時候，記得問心無愧就夠了。被否定時，也不用再怨自己為何沒辦法做得更好了，替自己尋找一點肯定。

這就是生活真正的樣子：不夠完美，總有缺陷。把釋然留給陌生人，把微笑留給看熱鬧的人，把抱怨留給真正關心你的朋友，把淚水留給疼愛你的人。

記得不要總想討好那些閒雜人等，反而忽略真心關愛你的人。

記得不要把來找碴的評價看得太重，凡事無愧於心就好。

記得為你愛的人赴湯蹈火，對不相干的人別在乎太多。

記得當你想擁抱所有人時，要先給自己一個擁抱。

最後你會發現**過自己的日子，讓別人去說，人生不用活在別人嘴裡。**

當事情說不清時，
記得問心無愧就好。

No 05

就算第一份工作的時間只有一個月，不代表你是個草莓族

真正的重點從來不在於工作時間有多長，而在於透過工作學到的東西有多少。

「你的第一份工作做了多久？」

「我的第一份工作，只做了一個月就離職了。」

身旁的長輩聽到這個答案多半會皺起眉頭，感嘆的說：「現在的年輕人厚……」

其實，沒有人希望一直換工作，大家當然都期望找到一份能成長、待遇也不錯的工作，可是偏偏大多數的時候不如預期。

常有許多剛出社會的讀者寫信來問我，第一份工作到底該做多久？就算不喜歡，但因為是第一份工作，是不是應該撐得再久一點會比較好？

新鮮人會擔心，任職的時間太短，恐怕會影響接下來的工作機會，也會希望自

己離開的時候，能夠帶走一些足以證明自己能力的履歷。那麼一個月的時間，看來是不夠長。

但比起這些，在考慮要留任還是離職之前，更重要的是認清自己想要的到底是什麼。

以我自己為例，二十三歲那年，我工作一個月後，很清楚的發現公司追求的理念和價值，跟我有很大的差距，在經濟壓力還沒有那麼大時，我不想浪費彼此的時間，於是第一份工作只待了一個月就選擇離開。

離開以後，我找工作變得更加謹慎，希望可以找一個理念相合的地方，同時又可以賺一份足以餬口的薪水。

前陣子，我在臉書的「學長姐說」社團看到一則關於新鮮人第一份工作到底應該撐多久的討論？有位網友留言：「應該會撐個一年，看透世間冷暖。」

其實，完全沒有必要。人情冷暖這種事情，應該在求學時代就該明白了，甚至透過打工累積經驗，不要在正式進入職場後，硬撐一年只為了明白「人情冷暖」。

進入一家公司以後，發現頻率不對，離開千萬要趁早。不必浪費彼此時間，就為了美化履歷。

有一位黃姓的主管跟我分享她面試的經驗，我覺得頗有道理。她說：「上一份工作待得久不久其實不是重點，重要的是，這位應徵者，他在前幾份工作的收穫是什麼？所以第一份工作的時間僅是參考數字，我反而會從面試的問答來了解他的工作狀況……前幾份工作得到的經驗，以及面對問題時的應變能力，這些才是錄用的關鍵。」

或許第一份工作的時間太短，會被別人貼上「穩定性、抗壓性不足」的標籤，甚至被視為是騎驢找馬的求職者。但站在求職者的立場，一份工作能否久留，牽涉的事情太多、太雜、太廣，不是看時間就能隨便下結論的，包含公司制度、個人發展和生涯規畫都必須納入考量。

這些只能透過相處時了解，而不是光憑著履歷上的時間就能找到答案。

畢竟，履歷是可以美化的，相處才知道實際狀況；**真正的重點從來不在於工作時間有多長，而在於透過工作學到的東西有多少。只要你能拿出證明自己能力的東西，時間不會是個問題。**

No
06

你可以把自己拉回來

任何事情都不應矯枉過正，
若不適合自己，記得要把自己拉回來。

當你醒來，睜開眼睛的第一件事情是做什麼？我不是起床盥洗，而是伸手拿起手機。身為重度網路上癮者，這是明知不好卻戒不掉的習慣。

我一個人住，身分是臉書粉絲團經營者，個人臉書粉絲團有七十萬個讚，Instagram有超過六萬五千人追蹤，每天平均發文二到三則，手機總是一整天拿在手上，最常做的事情就是更新自己的臉書動態，其他時間看看別人發布的內容、看看新聞，即使不感興趣，也還是習慣性的滑一滑。

可是，這些事情沒那麼重要，講白了，不做也沒有關係。但不知道從什麼時候開始，卻占據了我生活的絕大部分。

以前總覺得萬事都要發臉書，看到自己的生活被按讚、被分享，有人來留言，就會很有成就感，又或者幫別人按按讚、留個言，傳張貼圖都可以表示自己的存在，參與好友的喜怒哀樂。只是現在臉書好友太過氾濫，很多根本就不知道為什麼而加的人也在其中。於是，自己的一言一行被放大檢視，發文不再隨心所欲，也越來越容易冒出閒言閒語。

前陣子看了一部電影，男主角是個平凡的中年男子，公司突然裁員，頓失依靠，找不到人生方向的他，因為一張照片展開一場說走就走的旅行，從紐約飛到冰島，上山下海甚至一度還遇到火山爆發，最終這段旅程幫助他走出迷惘找到自己。

我看完電影心中燃起一股熱血，可惜沒有那樣的經濟條件，我把這個念頭跟朋友分享，順帶抱怨幾句：「好想像電影男主角一樣瀟灑，可惜荷包不爭氣！」

「呃，重點應該是他遠離塵囂，靜下心來找到自己，去哪裡都沒有關係吧。」朋友說。

這句話讓我恍然大悟。確實如此，想要過幾天清閒日子並不一定要飛到冰島。我替自己製定了一個計畫，這個週五到週日的整整三天，我決定拋開手機，沒有Wi-Fi、沒有facebook、沒有Line，遠離干擾，體會放空找回自己的感覺。

週四凌晨十一點，我在睡前關閉手機並放在床頭。

第一個小時，我心慌意亂根本睡不著，手賤的拿起手機多次又毅然放下，我用理智提醒自己該睡覺了，不能開手機滑臉書，那些資訊都不重要！在床上翻來覆去一個小時之後才逐漸睡去——☹覺得被打敗了。

週五早上八點，我睜開眼睛，習慣性地拿起手機想關閉鬧鐘還有看看時間，看到全黑的螢幕，才想起自己的計畫；接下來的三天都要過著沒有手機的放空日子，我起身按下很久沒使用的鬧鐘，心中湧起一股情緒——😉感覺驕傲。

週五上午十點，我踏入辦公室，一旁的同事正坐在椅子上低頭滑手機，她抬頭看了我一眼，疑惑地問：「早安，你今天怎麼看起來特別神清氣爽？」我故作鎮定的回應：「有嗎？跟昨天一樣啊。」嘴巴這麼說，心裡卻暗自竊喜，原來不用手機的效果如此顯著——☺覺得好心情。

週五下午三點半，我的手好癢！同事剛從日本回來，帶了超可愛的抹茶巧克力當伴手禮，我好想拍照發臉書、Instagram還有Line官方帳號，讓粉絲們看看這個可愛又迷人的小東西。可是，我不行！想要使用手機的慾望高漲，心裡哭喊著《甄嬛傳》中皇后娘娘的經典臺詞：「臣妾做不到啊！」——覺得嚇壞了。

週五晚上八點，我搭捷運回家，乘客們不管坐著或站著，都在低著頭滑手機，只有少數幾個人，三兩成群聊天說話。我獨自一人站著，心裡胡思亂想，不曉得該做些什麼，突然一個不小心，手上的傘「啪！」的一聲掉在地上，所有乘客都抬起頭來看我，我也嚇了一跳——覺得尷尬。

週五晚上十一點，手又開始癢了！臉書還好，因為早就排好時程，即使不上線，文章還是可以按時發布，但不能排程的Instagram幾乎已經一天沒有上傳新的語錄、照片以及新內容！追蹤我的人會不會覺得奇怪，我會不會被遺忘，會不會被退追蹤？擺在床頭的手機彷彿一直在誘惑我將它開啟——覺得很有挑戰。

週六一整天沒有安排行程，我先到陽臺澆花，再拿起一本書享受午後的陽光，一轉眼天就黑了，我在家裡悠閒度日完全忘了手機的存在，好像沒有手機也沒有關係——覺得心情放鬆。

週日我約了朋友出門逛街，一起吃飯聊天看電影，入場前朋友很習慣的拿起手機拍照打卡，我也想掏出手機如法炮製，這時才赫然發現，沒有手機的日子已經過了兩天多了，只剩下不到半天的時間，一切似乎沒有想像中的難熬——覺得很棒。

週日深夜，又到了一週最令人沮喪的時刻（週一又要上班上課），凌晨已過，我完全遺忘手機的存在，直到要設定鬧鐘才想起，是時候該打開手機了，等待開機的瞬間，我回顧這幾天的感受，從感覺被打敗到覺得很棒，沒有手機似乎能讓注意力集中，也能適時的停下腳步與自己對話。

但當我打開手機連上網路，首先看到八十七通未接來電，解鎖後還有超過一千三百五十七則Line的未讀訊息，以及兩百二十七則未讀郵件——感覺震驚！

電話幾乎都是老爸老媽打來的，我完全忘了把這個實驗告訴他們，收到許多訊息，「你到底在哪！」「為什麼找不到人！」「出什麼事情了！」「趕快回撥！」、「爸媽都在找你！」那些未讀訊息和E-mail有的是工作，有的是朋友，他們統統找不到人，當天晚上，我整整花了兩、三個小時才把所有事情處理完畢。

這次嘗試過沒有手機的日子，最主要的目的，就是希望自己能暫時遠離爆炸的資訊，讓自己的心回歸自由。

身在資訊爆炸的時代，透過手機、電腦、電視，我們很容易接受到各式各樣的資訊，也容易被不同的觀點所影響。包括這個計畫，也是受到電影的啟發，才開始進行的。

只是任何事情都不應矯枉過正，仔細思考別人說的話，若不適合自己記得把自己拉回來。就像是關閉手機的確可以讓自己遠離喧囂，獲得內心的平靜，但手機同時也是我們與親友聯絡的管道、工作上便利的工具，而它帶給我們的不全然是負面的影響。所有工具無分好壞，重點是使用工具的人要將工具導引到正面或負面的方向。

冒牌生說：

在追夢的旅途上，家人的擔心、外界的冷嘲熱諷在所難免

寧願在年輕時不論成敗的為夢想努力，
也好過在未來埋怨社會跟父母限制了自己的人生。

你是否曾經想過，離開上班族的生活追逐自己的夢想，以接案的方式，從事音樂、寫作、表演藝術等相關工作？然而當你把這樣的想法說出口時，換來的是否常是一盆冷水？

甚至還有人會嘲諷地說，你是被夢想洗腦了嗎？

潑冷水的不只是陌生人，更多的是來自周遭的親友，這些人會說，目前社會環境對年輕人來說並不友善，就業環境嚴苛、競爭激烈生存不易，還是找個朝九晚五的工作比較保險。

再加上市場需求量並沒有那麼大，在供過於求、惡性循環之下，很多人都只能削價競爭，用非常低的價格接案，甚至有一些吃人夠夠的老闆跟業主，能夠免費就

絕不付錢。

追夢真的不容易，尤其是從事無法每月領取固定薪水的工作，這時候就會出現許多負面的聲音，特別是來自父母和親朋好友的擔憂。

以前當我還在摸索如何成為一位作家時，父母的關心常讓我氣得跳腳，他們很喜歡給我建議：「你可以投稿，你可以寫部落格，你可以、你可以、你可以……」這一連串的「你可以」我早就都做了，他們的「指點」，在我心中是一種指指點點，製造的壓力讓我無法感受到雙方是站在同一陣線。

現在想想，當時父母只是用自己的方式表達支持，而我的不開心不是因為他們的建議，而是氣自己投稿、寫部落格都沒人看，我氣自己的失敗，卻把情緒出在他們身上。

在追夢的旅途上，家人的擔心、外界的冷嘲熱諷在所難免。許多年輕朋友對未來感到迷惘，因此聽到「時代不一樣了」「大環境沒有以前那麼好了」「現實很難很難、很苦很苦」……這些聲音，會變得更裹足不前。

的確，現實很殘酷，努力也不一定有收穫，但不努力就什麼都得不到。確定方向之後，給自己一個期限，在這段時間義無反顧地勇敢去試吧！

畢竟**無論成功失敗都是寶貴的人生經驗，寧願在年輕時不論成敗的為夢想努力，也好過在未來埋怨社會跟父母限制了自己的人生。**

而父母親若想表達支持，與其給建議，不如先旁敲側擊。如果孩子已經開始努力了，但因為遇到瓶頸，而處在擔心害怕的階段，一句「媽媽有看到，做得不錯」比任何建議都來得有效。

夢想是留給有韌性的人，就算承受著很大的壓力，但若是真心想要，就必須想辦法克服。任何事都不怕進不來，就怕走不長，時間和現實會留下真正熱愛的人。

選擇寫作這條路的時候，身邊沒多少人看好，爸媽甚至帶我去算命，讓算命師告訴我：「你不適合當一個作家。」

剛開始我假裝沒有把算命師的話放在心上，但心中總是有塊疙瘩。直到我第一次遇到出版的挫折時，爸媽說：「早就跟你說過不適合當作家，連算命的都是這樣說……」（在此省略一萬字來自爸媽的嘮叨。）

但正因為如此，我一邊工作，一邊經營我的粉絲團，每天在網路上分享小句子，提醒自己不要忘記成為作家的夢想。一開始我沒想太多，只知道要接受新的挑戰，因此那一年的時間，我在工作之餘，每天都會分享三句語錄，有些是網路上的名言佳句，有些是個人感觸，有些是別人跟我說的話，但我都搭配了一張海賊王的照片。工作雖然忙碌，但粉絲團在成長，自己也做得很開心，每次只要看到那些讚和肯定，再多的疲勞也不算什麼了。後來過了一年，我在新工作表現得很好，同時也完成出書的夢想。

成為專職作家後，出了兩本《海賊王驚點語錄》又再次受挫，我的書被指責侵權、抄襲，《海賊王》變成我最大的挫折，就在我幾乎要放棄寫作時，是我的父母主動鼓勵：「**你確定嗎？不要讓未來的自己後悔。**」

他們在這幾年看到我的付出，他們不是反對我的作家夢想，而是怕我好高騖遠。那次的挫折，他們不怕我受傷，只怕我不再勇敢了，不再勇敢面對隨之而來的挑戰。

父母的態度從反對轉為支持讓我訝異，但現在想想終於明白，讓他們改變態度的原因，是他們看到了我在追夢過程中學會的觀念——不再只是想，更重要的是願意去做。

夢想不是只有美麗的外衣，還會遇到許多磨難，未來永遠是徬徨的；冷嘲熱諷令人喪氣，鼓勵打氣固然窩心，但自己的態度更是關鍵。

因為當我們全心全意的為一件事情付出，無論得失，無關成敗，付出以後就算不如預期，也不會被嘲笑，而只會得到大家的尊重。**因為夢想不是追求一定要達成，而是努力以後沒有遺憾，才是真的。**

我們總是害怕在人際關係中被孤立，
擔心自己的存在就是個討厭鬼，
所以做了很多的傻事，
只為交易虛無縹緲的友情，
卻忘了真正的友情不是交易就能換得，
真正的友情是建立在生活中共同經歷的點滴。

CHAPTER

4

懂得愛別人，但你還記得自己嗎？

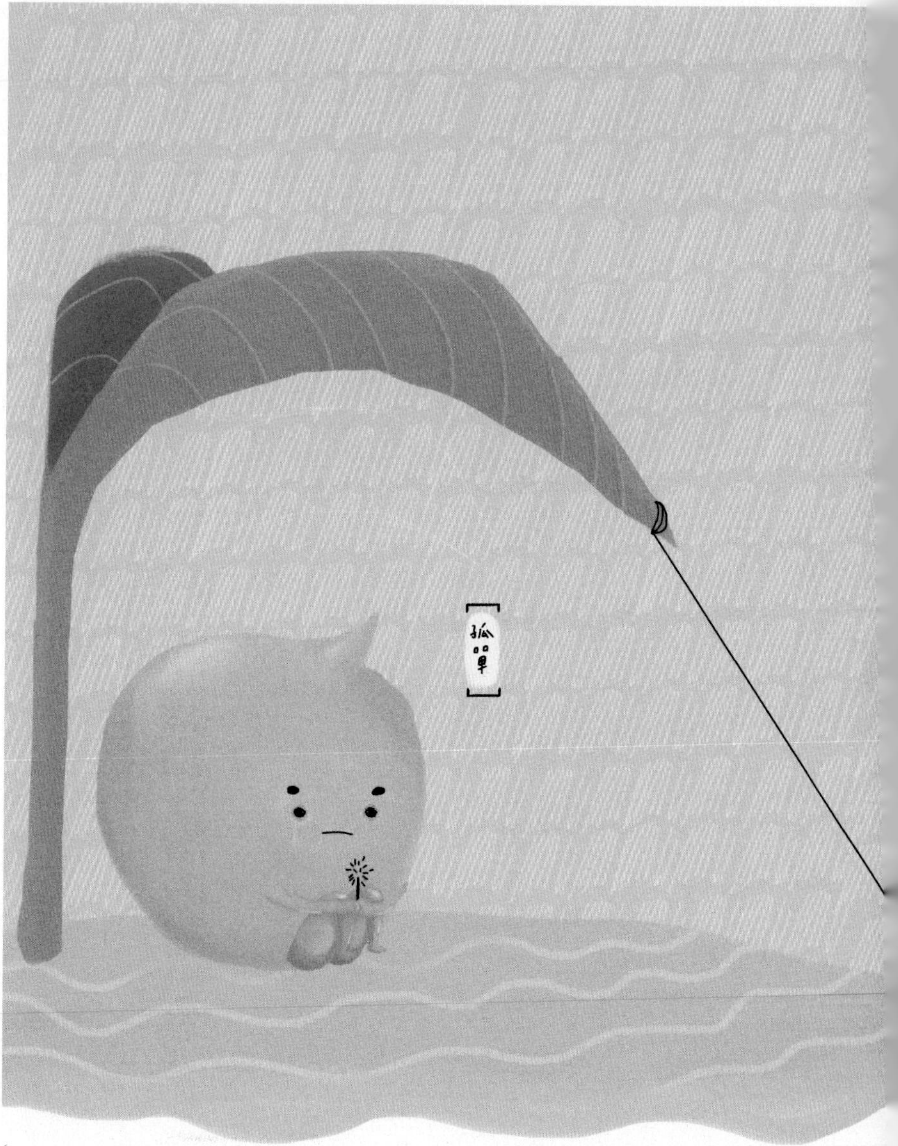
孤單

NO

01

不要讓莫名的自尊卡住你的朋友關係

自尊心總讓我擔心，太過在乎別人，會被他人看輕。

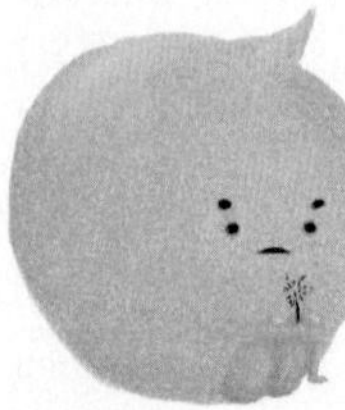

前幾年，我曾被一個惱人問題困擾——在與朋友的交際往來上，每次我都是扮演主動聯繫的那個人。剛開始覺得沒什麼，但隨著時間過去，我不禁開始懷疑，朋友是不是根本不在乎這段友情，為何總是我一個人自作多情？

但朋友們聽完我的煩惱後，僅僅大力拍一下我的肩膀，半開玩笑的說：「哪有這回事，你想太多了！」

可是我聽完並沒有釋懷，甚至覺得更失落，覺得自己沒有得到該有的關心，久而久之覺得好累又無力，就連想正面思考也沒有辦法。

為了改善心情，我看了許多勵志書籍，裡頭的文字總會寫著：「我們要成為一個好人，獨立、堅強、有魅力；不論好的壞的都能一肩承擔，走自己的路，繼續相信愛……」

激勵人心的字句就像提神飲料，但效果只有一瞬間無法長久。在看勵志書籍也無解的情況下，那陣子我活在牛角尖之中，覺得朋友算什麼，一直以來都是我單方面的付出，難過無助時卻只能自己面對，朋友有就跟沒有一樣。

於是我自我封閉了一陣子，開始跟原本熟悉的朋友們上演一種「你不主動聯繫我，我也不會主動聯繫你」的戲碼。

那是一種極其矛盾的心態，明明渴望關心，明明希望被傾聽，卻又不想主動表達。**自尊心總讓我擔心，太過在乎別人，會被他人看輕。**

我躲進自己的堡壘，誤以為這樣做就是「愛自己」，就是「堅強」和「獨立」，可是心情總是低落。

直到一次因緣際會，我主動約了一位從國外回來、許久未見的朋友聚餐聊天，雖然都是談些瑣事，但那種交心的感覺真好。

後來我傳了簡訊給那位朋友，告訴他很開心能跟他這樣談天說地。

他沒有回應，但我依然感到滿足，也不在意他沒有回覆訊息這件事。因為那天的暢所欲言，讓我知道他也有一樣的感覺，因此不需透過更多的語言，來確認彼此的關係。

這時我才明白，原來老是認為別人不夠關心自己，並不是一種「愛自己」的表現，只是為了滿足莫名其妙的自尊，而且還會失去了許多次可以跟朋友們交心的愉快時光。

那次經驗，讓我發現自己真正想要的，不是計較誰主動誰被動的問題，而是在有需要的時候，把心情像亂糟糟的房間一樣好好的打掃，約個時間和朋友聊天交心就是一種最好的做法。

友誼的基石是建立在「彼此關心」之上，至於**主動被動這個問題，真正的朋友是不會去在意那種小事情**。

自尊心所帶來的敏感脆弱，有時會讓我們在人際關係上躊躇不前。會懷疑「自己是不是個怪人？」「是不是只有我才需要被關心？」「大概很少有人會對朋友說我需要關心吧……」其實不是的，重要的是，**你需要被關心**。

我們每個人都需要被傾聽，當你需要別人關心時，請不要悶著頭胡思亂想，可以試著列出周遭願意聽你說話的人的名單，誰可以在你需要的時候擔當傾聽的角色，讓你無後顧之憂的傾訴自己的煩惱與心情。那些人不見得是朋友，有可能是長輩、親人等等。

很多時候，問題的癥結點在於我們永遠都不肯放下本位主義中的「我」，改用第二人稱的「你」去思考。

試想一下，今天若是有朋友想向你吐苦水，你的心情是什麼？你會覺得他們很煩嗎？如果不會的話，又何必想那麼多。

有位網友看完我的文字後回應：「所以你應該直接問朋友說，為什麼不主動聯繫？而不是偷偷在心裡生悶氣。」

其實，如果是我，我不會再去質疑朋友為何不主動聯繫，因為這還是沒有解決我需要被關心的問題。我會直接約他們出來聊聊，就算主動又怎樣，需要吐苦水的人是我，心情不好的人是我，有需要的人是我，那麼，心結要自己打開。

如果你不主動說出來，朋友們可能根本搞不清楚你的糾結，所以坦率一點吧，約個時間找朋友聊天談心，絕對比一個人自哀自怨的傷心「沒有人關心自己」來得好。而且跟朋友見面聊開了之後，那些什麼主動聯繫的問題就都會消失得一乾二淨了。

認清自己真正的需求，不是跟自己鬧彆扭，也不用怕麻煩別人，因為**所謂朋友，就是平常就算互相吐槽把彼此氣得跳腳，可是在關鍵時刻仍會默默地成為彼此的小太陽。**

No 02

工作就交不到朋友嗎？

同事之間，不是不能當朋友，
只是友情必須隨緣。

人際關係是一輩子必修的學分，前陣子我收到一封信，文字中帶點無奈的表示：「跟同事可以成為朋友嗎？」她跟同事們很要好，但是近日跟其中一位有誤會，導致雙方互不理睬對方，工作上是沒什麼問題，因為公事上沒太多交集，但畢竟每天都要相見，難免有些尷尬。於是詢問我，同事圈跟朋友圈是否分開會比較好？

我把這個問題貼在我的臉書讀者互助會討論，有人認為「隨緣」，有人斬釘截鐵說：「同事無法當好友。」甚至還有人出餿主意：「假裝和好，成為她的猶大（背叛者）！」這則訊息沒有搭配表情符號，但我幾乎能看到紅色小惡魔的表情圖示在閃耀。

這個問題讓我想起從前的自己，學生時，身在異鄉的我，沒有什麼朋友，希望透過打工的機會交到朋友，那年我十九歲，為了在外國交朋友做了很多努力。

曾經我很在意認同感，希望被所有人喜歡；希望能夠在工作場合交到好朋友，希望在下班了以後，也能夠找到談得來的同事出去閒聊。

同事遇到工作的問題，我會試著幫他處理，就算自己的工作已堆積如山，還是會想：「朋友嘛，不必計較。」

同事需要跑腿的時候，我也會欣然答應，就算提著好多人的午餐，真的很重，但總是會跟自己說：「沒關係，吃一點虧沒什麼。」

為了交朋友，太過努力討好別人，卻忘了對自己好；為了交朋友，誤以為付出多一點，就會被更喜歡一點；為了交朋友，忘記最基本的道理——失去底線，失去自己，連最基本的尊重都沒有了，談何友情？

我做了很多的傻事，只為交易虛無縹緲的友情，卻忘了**真正的友情不是交易就能換得，真正的友情是建立在生活中共同經歷的點滴。**

有一次，我照例去幫大家買午餐，午休時間有限，我趕著回到打工的地方。走在路上，大概是太急了吧，不小心打翻一碗熱湯。回到打工的地方，那位點湯的外國同事，首先關心的不是我有沒有被燙到，而是責備我害得他沒有湯喝。他問我該怎麼賠償，甚至語帶威脅，若我不賠償將不再理我。

剛開始我還急著想賠罪，內心著急的想該怎麼做才能讓他不要生氣。直到我的印度老闆看不下去，他對我說不必如此委屈：「一個真正的朋友，不會為了雞毛蒜皮的小事就拿喬半天。如果真的這樣，他還值得當你的朋友嗎？」直到那一刻我才徹底醒了，所有的付出連一碗湯都不如！

直到今日我與這位印度老闆仍是朋友，但當時許多我試著把他們當朋友的人，現在早已斷了聯絡。

同事之間，不是不能當朋友，只是友情必須隨緣，不是你對他好，他就一定要對你好；也不是稍不如己意就可冷淡以對。

我問那位寫信求助的當事者：「對妳來說，什麼叫做朋友？」是我在臉書幫妳按一個讚，妳也幫我按一個讚，這樣就叫做朋友？還是當妳傷心難過的時候，他會比妳還著急？

如果只把朋友定義成在第一種的關係，那麼妳可能會因為期待太多而容易傷心。如果將朋友定義為第二種，那麼也許該思考，現在讓妳煩惱的人是朋友嗎？如果不是，又何必為了他讓自己不開心。

在工作上，做好自己該做的事情，交出好成績，不必急著交朋友，保持謙和的態度與人交往就好。久而久之，自然會有適合你的夥伴認真對待你們的關係。

No 03

為什麼別人不理我？

世界那麼大，絕對有更適合的朋友存在，
交際圈變廣了，自然就不會為了少數人的行為糾結。

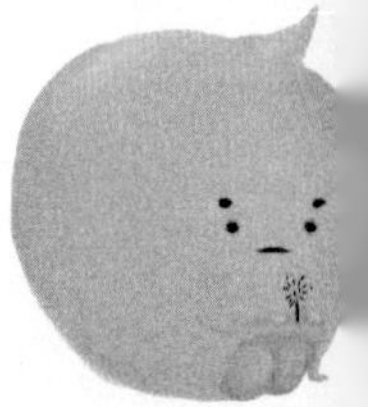

大概是十歲左右的年紀吧，有一次為了搶校園的鞦韆，每天朝夕相處的朋友生氣了，她對我說：「以後再也不跟你玩了。」

「誰稀罕啊！」我轉身就走。

跟我吵架的人，是我在大陸求學的同班同學，她伶牙俐齒，長得又漂亮，媽媽還是家長會會長。她是學校的女王蜂，大家都愛當她的小跟班，聽她的話，模仿她的行為舉止。

由於她的緣故，那群平常在一起玩的同學一下子全部不理我了，大家都跟她同一陣線，他們找理由針對我，或是刻意忽略我的存在。我在班上找不到屬於自己的角落，很長一段時間，只能一下課就往別的班級跑。

為了解決這個問題，我費盡心思討好她，把新買的漫畫借給她看，她看也沒看就丟到地上。後來我真的沒辦法了只好求助師長，老師主動插手調解，她跟我說：「過了一段時間就會好的。」

結果，同學表面上願意與我重修舊好，私底下卻依舊冷嘲熱諷；師長的介入並沒有幫助我們重新搭起友誼的橋樑。

我無助到想轉學，父母卻不太支持，依然還是那句：「過了一段時間就會好的。」認為沒必要小題大作。

這讓我徹底體會到被孤立的感覺，沒有人陪伴，心會累，吃飯沒味道，看電視沒意思，連天空都永遠是灰濛濛的。

後來我的確交到了新朋友，而那些吵架的夥伴，在幾個月後關係也不那麼劍拔弩張，可是再也不復從前的親密，然而就算他們看我不順眼，我也根本不在意了。

現在回想，心中雖然難免仍有一絲遺憾，可是有些關係就是這樣，努力過，但不見得有緣分可以維繫到最後。

會有這樣的感觸，是近期有位國二的女孩寫信給我，她遇到的狀況跟當年的我一樣。原本的好朋友，後來因為誤會變得不再要好，沒人願意傾聽她的聲音，被孤立的感覺不好受，她每天都在哭，想去一個新的地方重新開始，偏偏年紀太小沒有決定的權力，家人老師們都勸她總有一天會和好，但尷尬的終點卻始終遙遙無期。

長輩們說得沒錯：「未來總有一天會和好的。」

這句話其實不是敷衍，而是對我們的一種信賴，長輩們相信即使是小孩也有能力處理好自己的人際關係，而且在他們過去的經驗中，就算不和好，也自然會找到新的朋友。

可是在我們陷入迷惘的時候，滿腦子想的都是：「為什麼別人不理我？」根本聽不進去任何建言。

人不幼稚枉少年，但長大以後，**我發現內心深處真正徬徨的不是為何被別人討厭，更多的是對自己沒有信心**。我們總是害怕在人際關係中被孤立，擔心自己的存在就是個討厭鬼，人們總是毫無理由的就是討厭自己……

但其實這樣的問題不是只有小時候會遇到，就算年紀大了也依然存在。

另一位已經進入職場的三十一歲女孩，也分享自己在工作時遇到的人事紛擾：她得罪了職場前輩，又被前輩的粉絲找碴，不知道該怎麼辦，想要離職換工作，卻無法下定決心，心情很是沮喪。

很多時候，我們要做出抉擇，若工作和人際關係無法兼顧時，離開也不是不可以，但妳要懂得那些討厭的人並不是妳的全世界。

被討厭、被孤立一定不好過，可是與其在「為什麼別人不理我」這個無解的問題中循環，不如讓自己過得更好，比如說看一本書或一部電影，跟身邊其他人交流，摒除那些跟你無緣的人，替自己開闊眼界，世界那麼大，絕對有更適合的朋友存在，交際圈變廣了，自然就不會為了少數人的行為糾結。

天空不會因為烏雲而改變它的本色，就好像你的本質也不會因為別人對你的好惡而改變。如果你被原本信賴的人攻擊，沒有關係，那些曾經無話不說，到最後無話可說的人一定存在；不論如何，與人相處都保持一顆善意的心吧，並且提醒自己，不要永遠糾結在一個解不開的心結，好好生活，然後向前看。

No 04

朋友就是無論他做了什麼，你都覺得他是好朋友的那個人

真正的友情需要經營，要懂得互相尊重。

事情是這樣的，我有個朋友，以前是新聞女主播，前一陣子轉換跑道不報新聞，現在偶爾上通告賺零用錢。前幾天，我陪著她到電視臺錄影，那是個益智問答節目，本以為主播出身的她會輕鬆過關斬將，就算不拿前幾名也至少能夠晉級第二輪，沒想到她在第一輪就大意失荊州慘遭淘汰。

錄影的空檔，她苦笑地走下舞臺，對我說：「好丟臉好尷尬，第一輪就被淘汰了，會不會很糗？題目好難，你覺得呢？」作為一個好朋友，我的回答卻是：「不會啊，我覺得題目很簡單，我都會。」有些事就算是事實，似乎也不應該說出來，或許我應該這麼回答更恰當：「不會啦，加油！下次繼續努力。」但當下，我只是很直白的講出自己的感覺，卻忽略了她需要的只是一句鼓勵。

我的主播朋友尷尬得無以復加，當時來參賽的來賓還有前體育主播徐展元，他也是第一輪就被淘汰，我沒意識到自己的白目，接著又說：「真的沒有很難，展元主播，你怎麼也在第一輪就被淘汰了？」展元主播額頭直冒汗的說：「呃，對啊。這還是第一次遇到。」

後來節目繼續錄製，主持人拿這件事調侃兩人，雖然是為了節目效果，無傷大雅，但人在臺下看著現場主持人的玩笑，我這才意識到剛才的表現太過白目。

很多時候，我們會忽略別人的感受，以為是實話實說，但其實是以自己的主觀意識去評價別人的表現。

雖說真正的朋友，有時候是可以坦白誠實到接近殘忍的。就好像當你問他：「我這件衣服好看嗎？」的時候，他可以告訴你真正的想法：「嗯，衣服好看，但你最近胖了。」

然而當你的朋友私下向你取暖的時候，需要的只是一句安慰，而不是要你表現得比他更強。這個道理是我們在人際往來上需要小心注意，卻總是忽略的事情。

錄影結束後，我和主播朋友相約吃下午茶。

即使有些尷尬，但我打定主意，要向她表達歉意。她聽完以後，肩膀一聳毫不在意的說：「是嗎？還好啦。**好朋友就是無論他做了什麼，你還是覺得他是你好朋友的那個人。**」

這又讓我上了一課。

原來，我的主播朋友，雖然上益智節目在第一輪就慘遭淘汰，但在生活上卻是個極有智慧的人。她平時在外的形象雖然正經八百，但跟她相處卻不用擔心說錯什麼話、做錯什麼事。即使平時喜歡互開玩笑，但關鍵時刻卻又可以講出令人折服的人生道理。

茫茫人海，人總是擦肩而過，朋友之間來來去去，緣起緣滅。你的朋友也許寬宏大量，但真正的友情需要經營，要懂得互相尊重。

你總在見面時滑手機？
你總覺得遲到五分鐘沒關係？
你總認為朋友就該包容你的一切？
你總等著對方主動關心你的小宇宙？
你總用主觀的意識去評價朋友的作為？

你總在聚會時顧著說自己的事情忘了傾聽？

上述的六個問題，都是我們和朋友相處時常犯的小毛病。原本我以為自己對待朋友很謹慎，但寫下來後才發現，真的時常忽略這些小細節。雖然看起來是小事，但從這些小事，卻可以表現出對朋友的重視與尊重。

與朋友相處從這些小細節開始注意吧！不要等到驀然回首身旁空無一人時，才感嘆當初沒有好好珍惜那些難得的友情。

No 05

沒有對的人，只有願意磨合的兩個人

想要找到真心好友，要的不只是一顆真心，而是兩顆。

隨著年紀增長，慢慢的一些朋友會淡出你的生活，交際圈會逐漸變小，以前那種一大群人一起出遊，玩團康活動的光景不復存在。尤其出了社會以後，時間切割給工作、家人、朋友、愛情，在時間有限的情況下，慢慢地體會到，朋友不是越多越好，而是夠用就好。

有一次我搭公車，聽到隔壁的女學生向電話那頭抱怨：好孤單，找不到對的人，沒有好朋友，羨慕電話那頭的人有其他人關心，而她卻只是孤單一個人。下車後，我心中一直在想那位女學生的話，尤其那幾個關鍵字：「對的人」、「好朋友」，這樣的情景，對我來說彷彿似曾相識。

在學生時代，我很衝動好奇、什麼都想嘗試，橫衝直撞的結果，不但讓自己受傷，也傷害到了別人。有一次談戀愛想提分手，卻又不知道該怎麼開口，於是我很含蓄的告訴她：「妳很好，可是我只想找到那個對的人。」

她一字一句慢慢地回我：**「每個人都在尋找生命中那個對的人，卻沒有人試著成為那個對的人。」**我一時間竟無言以對。

最後雖然和平分手，卻也開始讓我重新思考「對的人」的定義。

什麼叫做「對的人」？

一個人會把自己最好的東西留著給你；

一個人會把你喜歡的東西放在心上並替你找來；

一個人會時時掛念著你的身體、關心你的健康；

一個人會花自己的時間，陪伴在你左右，聽你訴苦。

這樣的人除了父母，只有真心愛自己的人了吧？

我們總是花太多的時間在尋找那個「對的人」，卻用太少的心思去讓自己成為那個「對的人」。

結交真正的朋友需要你一開始對他敞開心房，隨著相處的時間增加，慢慢的你們才會有默契，有一些你們才聽得懂的笑話，比任何人都清楚對方的喜好和習慣，例如他知道你心情不好的時候要吃冰淇淋，哪個牌子、什麼口味、分量多少。

人即使故作瀟灑，卻總有感到寂寞的時刻。這輩子我們都需要幾個「對的人」，不管是愛人、朋友或是情人，在他們身邊心靈能得到慰藉，可以盡情的暢所欲言、歡笑與共，當你苦悶時他會陪著你，讓日子不再空虛寂寞。

這樣的人我們都知道不用多，一個就夠了，可是我們總是會忽略，**想要找到真心好友，要的不只是一顆真心，而是兩顆**——你的和他的。所以當你在尋找的同時，也努力讓自己成為對的人吧！

畢竟，這世界上沒有一個完全對的人，只有願意磨合的兩個人。

No 06

友情沒有你想像中脆弱

真正的朋友不見得會一輩子都膩在一起，
但永遠都會關心彼此。

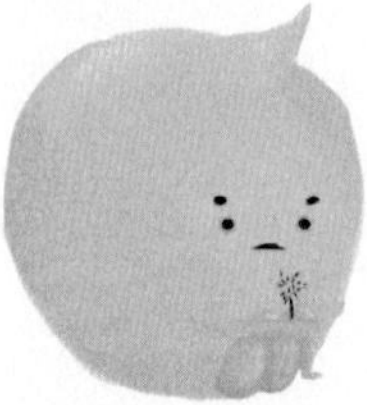

學生時代由於父母工作的緣故，我幾乎每兩年就要離開原本熟悉的環境，到另一個陌生的地方去讀書。那陣子我常內心糾結自己只是個過客，怕分離太過傷心，因此面對新的人事物，我都不願意敞開心房，以為這麼做是保護自己，其實是將自己與周遭的同學們隔離。

十五歲那年，我獨自一個人到紐西蘭求學，在離開臺灣前，我看了宮崎駿的電影《神隱少女》。裡面有隻怪物叫無臉男，孤獨的他想跟千尋當朋友，因此透過贈與物質的方式討好千尋，還對千尋撒金子，但千尋沒有接受。

直到後來，他陪著千尋搭火車尋找解救白龍的辦法，車廂裡空蕩蕩的，明明有非常多閒置座位，他卻選擇默默地坐在千尋的身旁，直到千尋下了車，兩人就此分道揚鑣。我感受到電影中傳出來的寂寞氛圍，這段劇情帶給了我另一種體悟——

我們不該把自己當作過客，就算相處的時間再短，一樣要付出真心，因為重點是過程，而不是最終的別離。

我希望可以遇到一個，說不出來為什麼好，卻又總是膩在一起；興趣嗜好不見得一樣，卻絲毫不影響的朋友。於是這一次，我決定敞開心扉試著交朋友。

在紐西蘭這段時間，我寄宿在學校，身旁都是老外，由於英文不好，再加上文化差異，平常大多都是獨來獨往。那時候班上有另一位也是來自臺灣的同學，我們很聊得來，最讓我印象深刻的是，幾乎每個週末，我都會主動打電話跟他聊天。我們每次都會聊很久，多半的內容都是我在抱怨訴苦，他搭腔傾聽。

很久以後我才知道，他是個很重視學業的人，週末午後是他預習的時間，但為了讓我好過一點，他挪開原本的計畫，改成晚上讀書。沒想到我的牢騷，竟耽誤到他的休息時間了。

畢業的時候，我曾問過他，那時候為什麼每個週末都願意聽我訴苦抱怨？

他說：「因為我們是朋友啊。而且我知道你剛來紐西蘭一定很寂寞，連我都不聽你吐苦水，你絕對會爆炸吧。」

他邊說邊笑，但大概是離情依依，再加上畢業催化，我聽得感動萬分，用掉了五、六張衛生紙，淚水還是止不住。

有一句話說得好：「這世界上最奢侈的，就是有個人肯花時間陪你。因為每個人的時間都有價值，他把時間分給了你，就等於把自己的世界分給了你。」

那時候，我們考上不同城市的大學，我沒有車，紐西蘭的大眾運輸系統又不發達，以後見面的時間勢必會少了許多。我在心中默默擔心，友誼會因為距離而變淡，可是沒想到，他幾乎每個月都會來拜訪我一次，過了四年，我們還是好朋友。

直到大學畢業後，我回臺灣，他留在當地發展。這次一個在南半球、一個在北半球，距離橫跨赤道。

我一直是個比較悲觀被動的人，不太敢面對離別場面，但那次我告訴自己要勇敢，**這個朋友值得好好說再見**。

別離的那天，我在機場的出境大廳，周遭的旅客走來走去，我默默的坐在一個角落，想寫一封簡訊傳給他，短短的幾行字，寫了又刪，刪了又寫，一直到了登機廣播響起，我不得不踏上歸國的旅途，才按下送出。千言萬語，化做簡單的一句：「以後可能很難再見了，但謝謝這幾年的照顧。」

接下來的日子，我們的確很少再見面，不過只要一講網路電話，就好像回到從前那般暢所欲言，一聊就是兩、三個小時。

我終於明白，真正的朋友不見得會一輩子都膩在一起，但永遠都會關心彼此。

前陣子有位讀者跟我分享畢業的心情，她說害怕畢業、害怕出社會、害怕離別，因為害怕所以選擇冷淡面對，甚至不願貿然付出自己的感情，就怕分離的那一刻，會因為不捨而傷心難熬。

她的故事讓我想到當年的自己，我也曾經認為友情會因為距離而變淡，因此彆扭的封閉自己，但不論是距離還是時間，只能沖淡那些本來就不夠堅固的東西。真正的友情，不會因為距離改變，也不會因為相處的時間變短而消散，反而會像一瓶好酒，越陳越香。

不要害怕，對自己所擁有的友情多點信心吧，**真正的友情沒有你想像中的那麼脆弱**。

但人生的路走著走著，還是有很多不得不說再見的時候。珍惜現在的好時光，自然面對接下來的聚散離合，你有你的人生，他有他的旅程，這時候即使捨不得，也該心存感激，然後好好的揮手道別。

NO
07

有些人值得用生命去珍惜，而有些人就讓他默默遠去

所有的豁達都是用惆悵、淚水還有時間換來的。

原本無話不說的友情，後來變得無話可說；到底應該要爭取維繫這段感情，還是看淡看開？

這個問題很難回答，就自己的經驗來說，我曾經有一個很要好的朋友，在大陸求學這段時間，我跟他都來自臺灣，兩個在異鄉求學的少年彼此作伴、互相勉勵，我將他視為摯友。

後來由於父母工作的關係，我們各奔天涯失聯一陣子，過了三、四年才透過老同學的MSN通訊群組找到他。

那時候，我們一個在北半球，一個在南半球，當時我興奮的打字更新近況，他卻顯得有些意興闌珊；我透過網路關心的問：「怎麼了，最近是不是有點不開心，

沒關係都可以跟我說，我願意聽。」

螢幕上淡淡的浮現幾句話：「沒什麼，也沒什麼好說的。我覺得也沒必要，畢竟當年會那麼好，是因為環境，我們是相依為命的兩個臺灣人，但要說個性嘛，你跟我也不見得真的有這麼合……」

他短短的幾句話傷透了我的心，似乎是我熱臉貼人家的冷屁股，好像是我把人家看得太重，卻不被當一回事。

面對曾經無話不談的好友，現在卻無話可說的狀況，我的心好難受，草草結束對話，之後就再也沒有跟他說話了。

那陣子，我看著MSN浮出他上線通知時心都會抽動一下，卻又找不到理由跟他談話。

輾轉過了好多年，我跟他仍然沒有聯繫，只能透過他MSN的上線通知，料想一切安好，直到MSN停止服務的那一天。

從此以後我再也沒有他的消息，他現在在做什麼？住在什麼地方？結婚了沒？都毫無音訊了。

原本，我很在意他說的那幾句話，但現在想想，他的話雖然有道理，但可以用更好的方式表達，甚至不用表達，讓這份感情慢慢淡掉就好，沒必要挑明講，讓彼此都存了一個疙瘩。

也許遇見的人多了，你才會了解，**哪些人適合你用生命去珍惜，而哪一些人會默默遠去。**

張柏芝和謝霆鋒離婚後，唱了一首歌，歌詞是這樣寫的：

「有人去愛，就有人走，有多少人懂得細水長流？
哪來天長，何處地久，都不如你牽著我十指緊扣。
有多少愛，還看不透，有多少人能走到最後？
永遠多遠，何必追究，不是什麼都有理由，也該有時候。」

一段關係劃上句點的時候難免惆悵，不管愛情、友情都一樣。

隨著時間流逝，現在我已經不會為了當年的幾句話感到不開心。**因為那些一起渡過的時光真實存在，曾經的陪伴也絲毫不假，這樣就足夠了。**

「永遠多遠，何必追究？不是什麼都有理由。」

這句話唯有真正體會過的人才能明白，**所有的豁達都是用惆悵、淚水還有時間**

換來的。

結束一段感情的當下情緒難免會受影響，請給彼此一點時間吧。

更重要的是，不要因為害怕過去的結束，拒絕一切嶄新的開始。因為歷經那段結束，你會學習到，該如何讓自己成為更好更值得被珍惜的人。

想要找到真心好友，
要的不只是一顆真心，而是兩顆。

NO
08

不是所有遇見的人都會留下來

我們常會奢望跟每個人當朋友，可是在現實生活卻是不可能的事情。

你的腦海是否會常常浮現這些念頭：

「剛認識的時候明明很開心，可是現在卻糾結還值不值得當朋友！」

「我的付出沒有人看見……」

「明明不是我的錯！」

我們都有過幾個朋友，剛開始萬分契合，但經過幾次爭吵後卻不再像以前那樣要好，然後我們捫心自問，該怎樣消除疙瘩，可以做些什麼才能挽回。如果你正面臨這樣的困擾，感慨身邊的人聚散無常，那麼可以試著靜下心來好好思考，**其實一個人的成長是分階段的，兩個人的感情也一樣。**

人與人剛認識時，很容易按照自己所想像的，去填補對方身上未知的那些空白。那些自以為的了解，很多時候只是自己的誤以為。為了融入，我們急著找出雙方的共同點，刻意忽略那些不同的歧見，但相處久了，時間會自然而然地將頻率不同的人排除。

以前我在國外讀書的時候，明明早餐不喜歡吃麥片加牛奶，卻從來不曾在朋友的面前表示過；明明對橄欖球根本沒有興趣，卻又總是跟著大家搖旗吶喊。這一切都是為了儘快融入當地的社會所做的偽裝。但是相處久了，大家終究會發現我真實的模樣。

有些人即使知道我跟想像中的不太一樣，還是願意留下來做朋友；但有些人卻會選擇離你而去。

那些點點滴滴我都銘記在心，每一句貼心的話，每一次溫暖的目光，每一聲歡樂的嬉笑，都在記憶裡不曾抹去。

雖然很遺憾，但不是所有遇見的人都會留下來。每個人都是他人生命中的過客，你要珍惜那些曾經陪你走一段路的人，卻不用強求每一個人都一定要陪你走完全程。

成長會讓你越來越了解自己，也會更清楚明白朋友的定義比想像中的苛刻。

所謂朋友，是那些把你看透了還願意留下來的人。

所謂朋友，就是可以容許彼此突如其來的任性的人。

所謂朋友，就是那些跟你一起走過很多年，成為心中堅強理由的人。

所謂朋友，就是如果有一天當你被世界遺棄，他仍然對你不離不棄的人。

在時間的沉澱下，大江東去浪淘盡，剩下來的知己也許沒幾個；過程中會有一些曾經的朋友離你而去，沒有關係的，你不用把他們忘記，偶爾想起也好。一個適時的問候、一次真誠的微笑、一雙溫柔的眼睛，就足夠了。

不要再扮演那個彆扭的角色，不斷尋找那些跟自己過不去的題材，例如，為什麼他跟想像中的不一樣，為什麼曾經是朋友，現在卻鬧彆扭？

忘記那些不愉快，為陽光騰出空間吧。因為，真正的友情，不需要驚心動魄，不需要「山無稜、天地合，才敢與君絕」，它經得起坎坷，耐得住平淡，就像一杯令人回味再三的清茶，暖暖的、淡淡的，卻足以讓你回味無窮。

No 09

那些初戀教我的事

所謂的關懷不只來自於愛人，也來自家人。

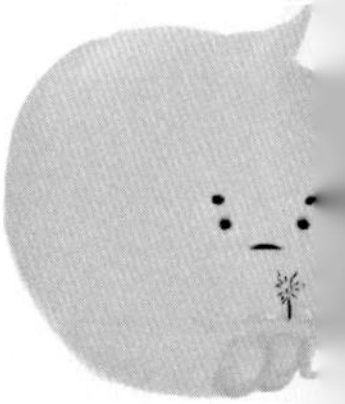

你的初戀是在幾歲？後來怎麼了呢？

曾經有一位高中女生跟我分享她在國中時，與同班男生的初戀故事。她說，兩個人在運動會的拔河比賽中來電，比賽時剛好排在彼此的前後，結果他們班輸了，兩個人都哭了，那時候她哭得滿臉鼻涕眼淚，樣子很醜，但男生還是很有紳士風度，即使自己也在哭，還是拿出衛生紙幫她擦眼淚。

這次的事件讓兩人結緣，從此他們越走越近，展開一段純純的愛；每天一起上下課、一起複習功課，在特殊節日還會準備小卡片和小禮物給對方。雙方很低調，瞞著身邊所有人；爸媽、老師、甚至連周遭的同學都不敢讓他們知道，害怕這段感情會見光死。

國中兩年他們一直是同班同學，這段時間始終維持著清純的交往模式，沒有踰矩，只有到牽手的程度，但升上高中以後兩人不再同班，會面臨不同的生活環境，也會遇到不同的人。

於是他們共同做了一個決定，為了不讓彼此分心，畢業典禮後就分手不再聯繫。分開後，女生才明白分手真的沒有那麼容易，原本以為可以利用暑假這兩個月來平復心情，但事與願違，開學以後成績一落千丈。每次只要一個人讀書就會想到以前那份感情，有人陪伴關懷，一起並肩作戰的感覺很好，現在好像只剩下自己。她變得有點封閉，放學補完習後就躲進房裡，不再像以前一樣會待在客廳陪父母談天說地。

她的爸媽也察覺不對，原本懂事乖巧的女兒怎麼突然有了距離。有一次趁女兒不在家時偷翻她的東西，找到國中時期的傳情小卡還有禮物，才驚覺從小呵護的女兒遇到了感情問題。

爸媽當天立刻找她長談，表面上說想要聽聽她的想法，實際上卻是立下很多規矩。比如：大學以後才能談戀愛，女孩子要記得保護自己，要求她讀更多書、補更多習、寫更多習題，原本已經緊繃的生活變得更有壓力。

她先是諷刺地表示那時候不公開戀情還真是有遠見，但更覺得不公平，畢竟那段感情已經是過去式，況且爸媽也不該偷翻她的東西！她很生氣卻不知道該怎麼宣洩快爆炸的情緒。

其實，我也曾遇過一樣的問題，父母說過一模一樣的話，「大學以後才能談戀愛」，「要懂得保護自己」，那些耳提面命的話從小聽到大，他們說得不膩，我們聽得都膩了。

我國中時期沒聽話，偷偷交了一個女朋友，後來升上高中，也是因為有了不同的生活圈而分開。

那段祕密的愛情原本被隱藏得很好，由於我們有一致的目標，再加上彼此好勝心都很強，我不希望自己的成績輸給心儀的她，因此發憤讀書，成績還因此進步了不少。

國中那幾年，我的父母沒有發現不對勁，反而還因為我的成績進步感到高興，但畢業以後我們到了不同的地方求學，我為了維繫感情每天都會打電話和她說話。

一個月後，高額的電話帳單讓戀情曝光，也在我家掀起一場家庭風暴。我向父母抗議：「難道談戀愛就是錯嗎？有個人陪伴，還有一起努力的目標，我談戀愛讓我讀書學習更有動力，這樣又有什麼不好？」

可惜，他們對我的反應置之不理，僅是表示不支持這段感情，硬生生地逼我們分離。這段戀情最後無疾而終，心灰意冷的我變得沉默寡言，甚至用成績對父母表示抗議，功課從此一落千丈。

那時候，我並不在乎成績變差了，甚至還有種叛逆的快感，彷彿擺爛的行為，可以讓父母知道我不是任由他們擺布的傀儡。

好多年過去了，當我回想起這段往事，總覺得可以有更好的處理方式。當年我的父母不贊同年輕人太早談戀愛，就是不希望我的心情、學業等各方面的狀況，受到戀情的高低起伏所影響。

當時，我確實認為這段感情對自己並沒有造成任何負面影響，甚至還能提升彼此的狀態，然而我也確實忽略了，分手會對內心造成多大的傷害。對於父母來說，他們的所作所為，全都是站在保護我們的立場，不希望我們受到傷害，雖然這種保護方式不見得是我們所能接受的。那麼，與其與父母硬碰硬，在彼此之間畫上裂痕，不如試著理解父母背後的動機，千萬別像當年的我那樣，把自己的課業當作與父母嘔氣的籌碼，因為學習這件事會影響的不是父母的人生，而是我們自己的未來。

初戀難免格外的刻骨銘心；第一次有人心疼與掛念，那種感覺當然很好，但別忘了所謂的關懷不只來自於愛人也來自家人。

倘若有時光機可以回到過去，我想對當時的父母說，初戀對孩子來說，其實就像一堂人生的必修課，讓我們學習承擔愛的責任，這份責任包含相愛的甜蜜還有分開的苦澀，不論早晚，終究還是要面對。

與其責怪孩子早戀，不如陪著他們度過這段時光，傾聽他們的煩惱與想法，以自己的人生經驗提供建議，成為孩子可以依靠的肩膀。

一份完整的愛情，要經得起時間的壓力、挫折的磨難，還有離別的考驗。初戀這堂課先甘後苦，第一次面對難免會措手不及，就像最開始的那位女生，雖然已經理性地做出分開的決定，也知道應該要好好學習，但還是會難過，會無法專心於課業。當初戀逝去時，請記得把美好的回憶留在記憶裡，最美的時刻才剛剛開始。**當你度過這堂課後，一定能用更成熟的態度，溫暖迎接邁向下一個階段的自己。**

No 10

遠距離戀愛的兩種結局

人與人之間，最遠的距離是心的距離；
最近的距離，是讓彼此住進了心底。

小莫是我的學妹，她的男友在畢業後出國讀書，兩人分隔兩地。那陣子她總是向我吐苦水，遠距離讓原本親暱的兩人變得疏離，說著說著忍不住悲從中來哭個不停。我從沒看過她這麼脆弱的樣子，跟以前活潑開朗的她彷彿不是同一個人。

小莫說，在男友剛出國的時候兩個人每天都會熱線，但兩個月後漸漸開始聯絡不到男友，聊天內容也只剩下基本問候。小莫又撐了兩個月終於按捺不住詢問，沒想到卻換來對方的一句：「分手吧，不要再浪費彼此的時間了。」

那句話就像一道休止符，從此小莫再也沒有接過男友的電話，她哭過鬧過，試著聯繫對方，但打過去的電話從一開始嘟嘟嘟的忙線聲，到最後變成了「您所撥打的電話號碼是空號」。

那陣子，小莫每天以淚洗面，每次見面總是鬼打牆似的反覆告訴我，她要一直等下去。我既心疼又氣小莫的無謂執著，可是再吵的鬧鐘都叫不醒裝睡的人，失戀的人也聽不進去旁人的勸慰；那句話說得真好，自作多情的等待，就像在機場等一艘船，根本不可能發生。

愛不是單方面的等待就會回來，值得等待的愛情，雙方必須擁有共同目標，朝著一樣的方向前進，一起努力、相互打氣，兩人才能相守。自作多情的等待，最後換來傷心也只是活該。

小莫變了，她笑容不再，頭髮凌亂，原本愛美的她，現在連續一個禮拜都穿著同樣的衣服出門也毫不在意，整個人變得鬱鬱寡歡。身為好友，看著她傷心欲絕的模樣，實在不忍心把上述想法說出口，只能暗地祈禱，希望在某個輾轉反側的深夜裡，她能豁然醒悟。

又過了半年，我看到小莫更新了臉書的感情狀態，從「一言難盡」變成「穩定交往」，便立刻打電話過去祝賀一番。

她真的戀愛了，而且不可置信的是，這一次又是遠距離戀愛。這位戀愛對象是她的學弟，他是在出國讀書前一天向小莫告白，這一走就是一年！

當我知道這件事情的時候，學弟已經展開他的異國求學生涯了，我根本沒機會見到他本人，替小莫好好鑑定一番。於是，我好奇的問小莫：「難道妳不怕會像上一段感情一樣，因為遠距離讓感情變淡嗎？」

「也許在遇過傷害後，反而更能看得出，誰才是真正適合自己的人。」小莫說她跟學弟正式在一起前，剛好是最糟糕的狀態，但學弟從來沒有要求她改變，只是默默陪伴在她的身邊，她不必假裝優秀、刻意討好，也不會害怕在學弟面前展現自己糟糕的模樣。因為學弟就是喜歡小莫這個人，因此全然接受她的本來的樣子。

這次感情雖然是遠距離，卻完全沒有缺乏安全感的問題。小莫隨時都能知道學弟的行蹤，可以任性撒嬌，不再需要為了成為一個完美女友而小心翼翼。

她說：「剛開始難免有點擔心，而且因為時差的關係，兩邊日夜顛倒，沒辦法抽時間在一起聊聊天。」即使如此，兩人還是找到了克服時差的方法。「記得有陣子我們每天視訊，最高紀錄十八小時，他透過螢幕看著我睡覺，我隔著螢幕叫他起床……」小莫從來沒有想過，遠距離戀愛可以這麼甜蜜。

人與人之間，最遠的距離是心的距離；最近的距離，是讓彼此住進了心底。

一年的時間很快就過去了。學弟回到臺灣後，我們幾個人有一次聚餐吃飯，小莫提到那段天天視訊的日子，如今想想也是一段甜蜜的回憶。

「現在他在新竹我在臺北，每週都可以相約見面，又是一種不同的感覺。」

我聽完一驚，怎麼還是遠距離！

小莫和學弟相視一笑後告訴我：「哈，現在的距離跟以前比，根本算不上什麼。」

學弟接著補充說：「就算沒辦法天天在一起，我們每天還是會安排固定時間聊聊天，聽聽彼此的生活瑣事。」

現在他們在一起即將邁入第三年，感情依然穩定，並以結婚為前提繼續交往。

遠距離戀愛能夠開花結果嗎？答案取決於彼此的信任與忠心。**當兩個人都願意為對方付出，朝著共同目標努力的時候，距離就不會是個問題**。然而，當其中一顆心已然離去，就算付出再多對方也不會回來，而且有可能因為盲目的等待，錯過了身旁真正在等你的人呢！

No 11

新鮮人遇到的感情難題

若想走得長久，就要用心經營，磨合彼此的價值觀，異中求同。

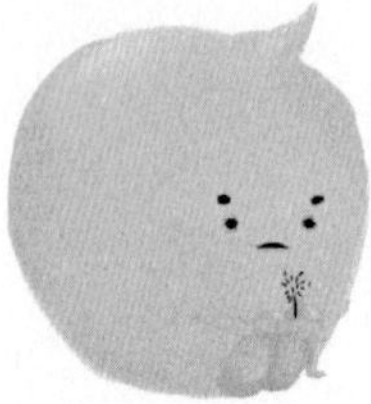

我身邊有對交往多年的情侶檔友人，他們從學生時期就認識了，女生比男生年長兩歲，是他的學姐。兩人有共同興趣，永遠有聊不完的話題，尤其在討論連續劇時，鬥嘴的內容會比劇情本身還有趣。

他們還喜歡穿著情侶裝一起去旅行，但喜好卻不太相同，女生個性熱情，喜歡泛舟、去郊外踏青，偏偏男生怕水又怕高，所以每次決定旅遊地點時，意見難免會有分歧。一、兩次也就罷了，日積月累下來恐怕會讓關係出現裂痕，不解決搞不好會是分手的導火線。

女生解決問題的辦法，不是吵架或是耍賴讓另外一半妥協，她告訴我，相處久了以後發現，只要找共同好友一起出遊，不需要強迫他，男友就會因為愛面子而選擇參加。

我一直很羨慕他們，畢竟能夠找到志同道合的夥伴是很難得的一件事，可是自從女生畢業之後，他們的相處就開始出現問題。

那時候，女生剛踏入職場成為社會小小的螺絲釘，每天忙得不可開交，男生大學即將畢業，正在等當兵。有一次，我和女生聚餐，席間她有些無奈的向我抱怨，自從她出社會以後，兩人的價值觀開始出現落差。

我請她說得更具體一點，到底是哪裡出了問題，她才娓娓道來——

最近男生在等當兵，而她的工作才剛上軌道，相處的時間變少了，甚至沒時間見面只能簡訊傳情。即便相處的時間不多，但偏偏每次見面男生總是在抱怨生活無聊，她建議男友去看看面試、求職相關的資料，思考以後想要做些什麼，但情況並沒有因為她的勸導有所改善，之後兩人見面，男友還是邊打電動邊抱怨無聊，這讓她覺得男友似乎有些不思進取。

「好無聊。」

「無聊？那你可以主動去學點什麼，或者替自己的未來做打算啊。對了，你以後想做什麼？」

「不知道，因為當兵的緣故，距離出社會至少會有一年的時間，慢慢想就好，順其自然。」

「既然覺得無聊，為何不去了解未來想做的事情，需要做哪些準備。不要等到出社會以後，才發現自己的能力不足。」

女生告訴我，他們這陣子的對話總是在重複上述的內容，別說男生聽得煩了，她講得也煩了。原本無話不談的兩個人，居然找不到共同話題，只能選擇沉默以對。女生不希望經營多年的感情逐漸變淡，於是主動開啟話題，想跟男友聊聊工作上的事，尤其工作不順利時更是需要傾訴的對象。可是尚未出社會的男友，無法理解職場人際關係的錯綜複雜，聊了幾次後，甚至不耐煩的對她說：「妳很無聊耶！」這讓女生更沮喪。

彷彿成為一種惡性循環，兩人逐漸相對無言，幾乎都要消磨掉多年的感情。有一次男生又提到「無聊」，女生再次回答，「多學習、多準備，想想你以後到底想做什麼？」

這次男生垂下頭開始滑手機，連視線都不想跟女生接觸，女生再也承受不住，低下頭垂淚問：「為什麼我說的話，你都聽不進去。」

男生愣愣地回了一句：「我哪有？」

「我說工作的事情你覺得無聊，要你思考以後要做什麼，你也覺得無聊，我們為什麼會變成這樣子？」

「因為妳的話題都好沉重，讓我壓力好大。」男生回答時情緒也十分低落，似乎話也藏在心裡很久了。

她不知道該怎麼辦才好，於是在餐敘時找我訴苦：「我都是為他好，他不但不領情還覺得壓力很大，到底為什麼會這樣？」

「妳們有想過分手嗎？」我好奇地問。

「沒有啊，我們都沒有分手的打算，但就是覺得好像進入了倦怠期。」

「姑且不談妳們的感情危機，但我想問妳大三的時候，有想過未來要做什麼嗎？」

她搖搖頭表示沒有。

「那就對了，那妳爸媽會不會一直問妳？」

「當然，那時候壓力好大，最後我不想聽他們嘮叨，找到工作就搬出去了。」

我笑而不語，她才恍然大悟，她現在扮演的角色不是女友，而是嘮叨的老媽子。以前聽父母碎念時也會覺得煩、壓力很大，現在男友正經歷一樣的事情。

「當他說無聊的時候，需要的是陪伴不是教訓。如果妳們都不想分手，就要找一個辦法來維持兩個人的感情，就好像妳以前知道他不喜歡泛舟，會找共同的朋友相約一起出遊，先解決問題不是放大問題，或許換一個方式溝通會更有效率。」

「你說的有點道理，畢竟那時候我也沒想過未來要做什麼，現在應該給他多一點空間，我真的該換個方式溝通。」

一見鍾情只是愛情的開始，但日子長了，隨著遇到的經歷多了，成熟了、長大了；**若想走得長久，就要用心經營，磨合彼此的價值觀，異中求同。**

又過了一陣子，他們依然在一起，感情甚至變得比之前更好。

我私下問女生是怎麼解決的。她說：「很簡單，一起報名了駕訓班，打算先學開車，然後一起計畫未來的旅行，以後還要一起學烹飪！」說完與男友相視一笑，閃得旁人的眼睛都快張不開了。

他們的臉上不再籠罩著烏雲，男生變得很有朝氣，女生也不再總是把注意力放在工作的不開心上。兩個人找到共同目標，一起替未來努力。

感情是什麼？就是一段互相熟悉，參與彼此生活，再一起成長的過程。每日的相處、互動，對彼此產生依賴，遇到狀況時一起想辦法解決問題，共同成長、改變，朝著一致的目標邁進，久了才更能體會到相濡以沫的愛的真諦。

No 12

分手以後還可不可以是朋友？

了解自己還有「去愛」另一個人的能力，再承認自己「愛過」吧。

我收過數百封失戀朋友的來信，除了充斥著低落的情緒外，這些信的內容還有一個共同點，就是不希望分手後就再也沒有機會聯繫。講白一點，大部分的人，都希望分手以後還可以做朋友。

曾經有位讀者告訴我，他跟女友交往了一年半，一個月前分手了，女生說：「不是不愛了，只是覺得累了，也覺得彼此不適合。」分手後就與男生漸行漸遠，但男生仍然放不下，不曉得該在心裡痛苦地繼續愛她，還是該恨她的狠心。當感情結束之後，除了看開之外是否還有別的選擇？

他寫信問我：「分手之後有沒有可能繼續當朋友？」

有一句話這麼說，離開一個地方，風景就不再屬於你；承認一段感情的結束，接受不再相愛的事實，比我們想像中的困難太多，不是每個人都有足夠的智慧選擇放手讓自己自由。愛情無法勉強，**試圖去挽留一顆已經離開的心，就別再說是愛情不肯放過你，是你不肯放過自己。**

要如何學著放手，坦然面對愛情的結束呢？

首先，應該先釐清「失去」和「去愛」的概念是不一樣的，不必把兩件事綁在一起。失去一段愛情，不代表你沒有能力找到下一份感情。**了解自己還有「去愛」另一個人的能力，再承認自己「愛過」吧**。認清曾經愛過不代表依然「相愛」這個事實，接下來才有可能坦然放手，尋找下一個幸福來敲門的機會。

至於分手以後可不可以當朋友？當然可以，但絕對不是馬上就能做到的事。畢竟彼此費盡心思在一起，如果分開後不用冷靜一段時間，釐清那些紛擾，怎麼對得起曾經付出過的那顆心。

曾經有對朋友愛情長跑十年，他們是班對，從十七歲開始談戀愛，二十二歲那年討論結婚，雙方決定先工作存點錢再說，後來男孩出國進修，希望女孩等他回國。他們通過遠距離的考驗、出社會的改變，但一等再等，等到男生真的學成歸國，事業略有小成，存了一筆錢後，女孩還是沒有等到自己想要的——一個家庭。

最後兩人協議分手，女孩身旁很多朋友都認為是男孩對不起她，讓她等了十年，卻還不給名分，實在太過分，浪費了女孩最寶貴的十年青春。但女孩卻不這麼認為，從十七歲就開始的愛情到了二十七歲依然刻骨銘心，可是整個過程沒有誰對不起誰，真的要說，只是因為彼此對未來有著不同的追求。

他們分手以後還是朋友，平常也有聯絡。

兩年後，女孩找到了新的對象要結婚了。男孩收到女孩寄來的喜帖卻沒有前往祝賀。就因為是朋友，所以他考慮對方的感受更勝過自己，怕舊情人的身分敏感，怕太多的關心只會干擾對方未來的生活，於是他決定不出席，僅以一個大紅包表示心意。

不是每一段感情用盡全力就能永遠在一起，可是沒有關係，就算分開了，至少搞清楚了什麼是我們不想要的。「分手後還是朋友」，這句愛情經典語錄，就讓它存在於放手之後吧。

冒牌生說：

不要對朋友做的三件事

有你的陪伴和同仇敵愾，才會讓他不再孤單。

我在網路回答過上百封網友來信，遇過各式各樣的問題，曾經有網友說，自己失戀分手被拋棄，成績跌落谷底，又遇到造謠侮蔑被抹黑，人生沒有曙光，看不開想一死了之。也有網友在班上被霸凌，但始終走不出來……

雖然我不認識這些人，但總是盡己所能的全力協助，試著跟他們講道理，硬的、軟的方式都試過。後來經驗多了，整理出幾個共同點在這裡跟大家分享，當朋友陷入低潮時，扮演好友的你就是一個很重要的角色，該怎麼開導他們那顆失落憂鬱的心呢？

在勸導朋友時，有三件事最好不要做。

一、不要重複說「看開一點」，這只會讓人更看不開。

當身邊的友人處在不安的狀態，一再訴苦時，剛開始可以依據他的情況給予自己最良心的建議。大部分的人會勸陷入低迷的當事人「看開點」、「這樣不能解決問題」，但朋友依舊聽不進去，並且還是糾結在「為什麼」的時候，就不要再一直勸他「看開」了。

「看開一點」會說的人太多，能做到的人太少。一個人傷心欲絕的時候，必然聽過無數次，甚至是自己也勸解過自己要「看開」，卻依然做不到；此時真正的朋友該做的是，**收起同情的安慰，給他一點同理的尊重**。

傾聽和理解，是修補一個人內心傷痕最棒的良藥。但太多的同情會讓人覺得自己很悲哀荒唐，什麼都做不好。

脆弱無助的時候，想做的不是解決問題，而是逃避。所以當你發現朋友遇到這樣的狀況，就不要再一直重複說「看開一點」、「不要去想」，因為那根本是不可能的事。不如換個做法，靜靜的坐在他的身旁，又或者主動拿起電話，傳訊或致電，約個時間帶些甜點去拜訪，都比嘴巴上說「看開」更能釋放脆弱和解除心防。

二、別講義正辭嚴的人生大道理，這只會增加心理負擔。

人生大道理雖然能指引方向，但它不是百憂解，過多的大道理只怕把人越推越遠，當我們搬出大道理時，已經受傷的人恐怕會覺得：「為什麼別人都做得到，我卻做不到？」而陷入自我厭惡的惡性循環，導致壓力無處宣洩，釀成悲劇。

我曾經遇過這樣的狀況，當某個朋友在試圖傾訴自己的無助時，身旁的人回了兩句話。他先說：「我覺得你抗壓性太低。」後來又說：「你為什麼要理會呢？如果真努力專注做一件事，為什麼要理會雜音？」

好吧，也許發表意見的人，是真的覺得對方抗壓性太低，自己只是實話實說，但這種狀況不叫關心，而是指責。沒有同理心的對待，對於無助的當事者來說，恐怕只是雪上加霜。

試想一下，當你在跑步跌倒的時候，想聽到的是：「別人都不會跌倒，你為什麼會跌倒？」還是一句簡單的「還好嗎？痛不痛？」

這個道理很簡單，卻是我們總會忽略的。

三、不要想替別人解決問題，在他身邊陪伴就好。

當朋友與人發生爭執時，先不用試圖去當和事佬，因為當立場不一樣的時候，雙方是很難有交集的。

世界上許多事情並不是非黑即白，更多的是灰色地帶。人際關係絕大部分的問題，也沒有一定的對或錯。身為朋友能做的，就是多多關心，尤其是那些裝作毫不在意，天天將笑容掛在臉上的人，他們其實很需要人陪。因為最怕的就是笑容其實是一種偽裝，假裝開心，讓壓力在心裡累積，無力宣洩，最後變成一種心理疾病。

走出憂鬱從來沒有一套標準SOP，關心和鼓勵也不是說說那些人生大道理就好。最好的做法是你的陪伴和同仇敵愾，才會讓他不再孤單。

至於陷入迷惘的朋友，你應該也很清楚不能只奢望別人幫你、理解你；所有的問題最終還是要用自己的雙手解決，才能走出專屬於自己的未來。

有時候，人會騙自己，把自己變成悲劇的男女主角，實際上明明有人關心，但低潮的時候，會變得像把頭埋在沙堆裡的鴕鳥，以為自己被忽略了。這時必須放掉心中的執著，才能感受到來自各方的關懷以及那些真摯的感情。

不安終會過去，當你提醒自己要邁進的時候，請順便提醒自己，不要害怕跨出的步伐太小，慢慢走沒有關係，有前進才是最重要的。

記得，那些愛你的人，真正明白你的人不會用雜七雜八的流言蜚語定義你的價值、否定你的存在，但你必須先肯定自己。

CHAPTER

5

夢想很美，現實很殘酷

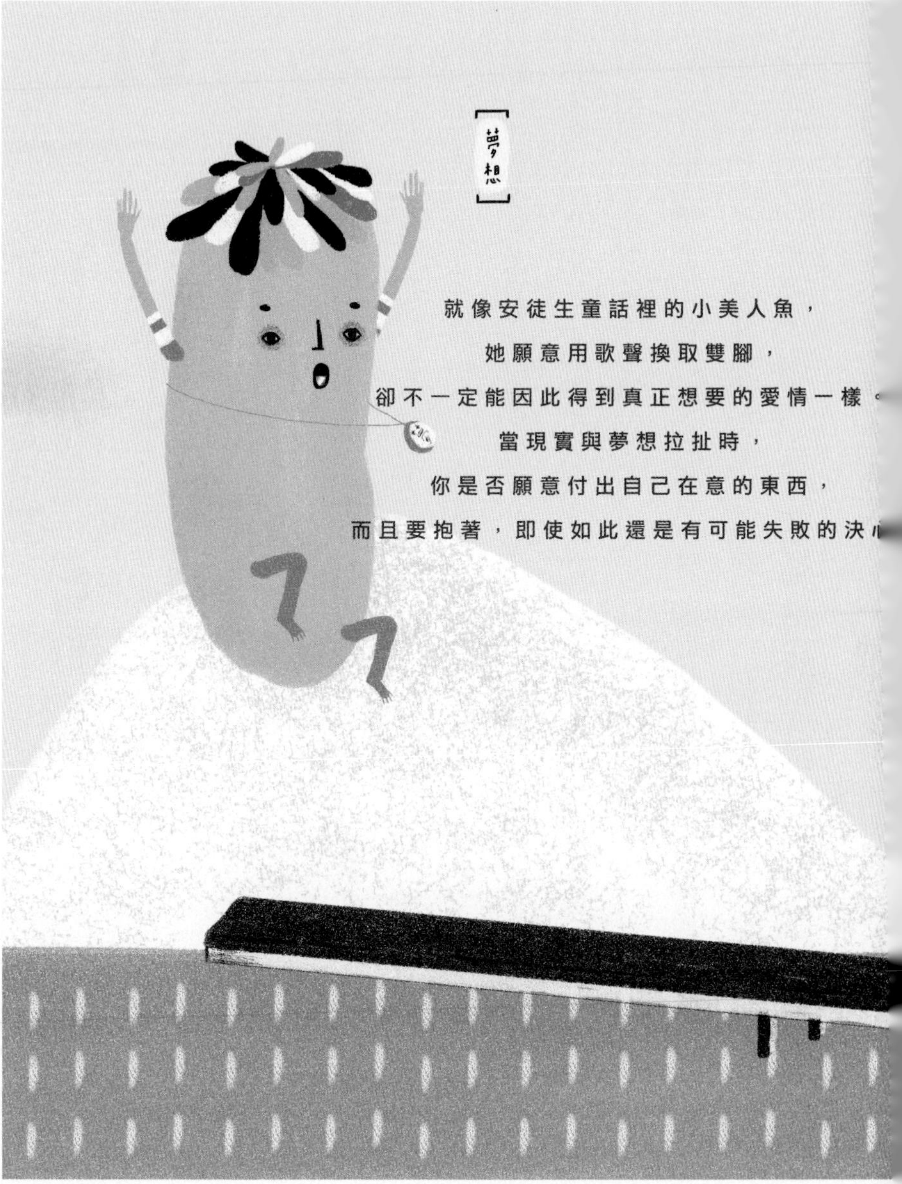

夢想

就像安徒生童話裡的小美人魚，
她願意用歌聲換取雙腳，
卻不一定能因此得到真正想要的愛情一樣。
當現實與夢想拉扯時，
你是否願意付出自己在意的東西，
而且要抱著，即使如此還是有可能失敗的決心

No 01

喜歡是在於欣賞，愛是勇於付出，夢想也一樣

真正決定你是否能夠堅持下去的是「愛」，也就是即使你知道有困難，卻依然願意去付出。

有位讀者寫信給我，她是一位工作剛滿一年的新鮮人，剛出社會的那年，因為不知道該做什麼，所以聽了老師的建議回學校當研究助理，一邊工作一邊慢慢思考未來。但一年過去依舊茫然，這一年她想了很多，比如說她小時候喜歡吃甜點，想當甜點師傅實現童年夢想，沒想到卻遭父母反對，認為此舉辜負了大學四年的栽培，同時她自己也很擔心，甜點學徒的工時長、薪水低、要熬出頭並不容易，於是感到害怕而裹足不前。

父母的期望很簡單，認為人生穩定最重要，因此建議她去考個公家機關或國營企業當個公務員，可是這樣的生活卻不是她所要的，徬徨之下到補習班做諮詢，試了平面以及3D的室內設計繪圖，操作軟體對她來說很有趣，完成之後也有成就

感，好像又有點喜歡，做這個似乎不錯，加上父母也認為室內設計這個職業高薪又有前途，因此不反對。

她最後寫著，沒有辦法忘記甜點曾經帶給她的感動，但又怕自己的想法太過夢幻、天真，到底是要務實一點去進修後投入室內設計，還是應該給自己一個機會去嘗試學習甜點？

其實，這位讀者遇到的問題，我想很多新鮮人都有過。**真正的問題，不在於到底要選擇什麼，而是沒有釐清自己到底「愛」什麼。**

曾經有一句話說：「喜歡是用感覺，愛是用心；喜歡是在於欣賞，愛是勇於付出。」很多時候我們對於童年的夢想，都會有一種喜歡和憧憬，而**真正決定你是否能夠堅持下去的是「愛」，也就是即使你知道有困難，卻依然願意去付出。**

目前為止，這位讀者還沒為甜點師傅這個夢想付出過，也代表她還不知道自己到底「愛不愛」這個產業，於是裹足不前，好像需要父母的鼓勵才能勇敢向前。

可是不是這樣的，父母不能替你決定什麼。尤其出了社會以後，不論是支持或反對，父母所能提供的都只是建議，他們分享自己曾經走過的路，遇過的狀況，最後下決定的還是要靠你自己。但由於自己的迷惘，擔心做出錯誤的選擇，害怕付出會超過自己所能承擔，才導致一切都卡在這裡。

我想分享的是，在你還沒開始付出之前，一切都是未知數啊！**如果沒有破釜沉舟的勇氣，也只好安於現狀。想看到不一樣的風景，就不能怕腳下的泥濘。**

我想對這位讀者說，如果甜點師傅真的是妳想要的，那該做的，不是突然蹦出來的室內設計，而是應該去思考甜點師傅的十年計畫，按部就班的執行，實現自己的夢想。

等到妳真的開始前進，取得一點點的成績後，妳就會發現自己的辛苦是值得的。就算沒有成績，也證明自己曾經嘗試過，而沒有遺憾。

不要三心兩意的把未來寄託在「喜歡」，那樣只會變成空想，如果沒有付出的勇氣，最終只會落得一事無成的下場。最後，不管你的選擇是什麼，在做任何事情前，想想自己愛的到底是什麼吧，**朝著所愛的前進，才能做得長久。**

No 02

他不是沒有夢想，只是用你不知道的方式在付出

追夢固然可貴，但願意一肩扛起責任的人更難得。

前幾年，我曾經在雲林的學校待過一陣子，那時候才剛畢業，面臨夢想和現實的取捨，不曉得該繼續追求看似遙不可及的作家夢，還是找一份朝九晚五的穩定工作就好。

我把這個迷惘跟一位校工阿姨分享，她大概四十來歲，離過一次婚，帶著四個小孩，孩子們都在求學，開銷不小。

她聽完我的煩惱笑笑地說：「以前我也愛寫東西，但後來生活壓力太大就不寫了，你的問題也沒辦法給你什麼意見，只是我覺得這真是一個奢侈的煩惱。」

聽完她的回應，我覺得不明所以，夢想怎麼會是一件「奢侈」的事情呢？於是反問阿姨：「那您的夢想是什麼？」

「如果真要說夢想，那麼就是孩子有出息，家人身體健康，一生平安，不要再讓我操心就好。」她說，這就是她的夢想。

我聽了以後有些不以為然，追夢永遠不嫌晚，她明明可以做得更好，卻放棄了自己的人生，把夢想建立在別人身上。

過了幾年，我邊工作邊寫作，面對現實和夢想的壓力，慢慢體會那位阿姨的想法。有時候當現實的壓力來襲時，看似碰不到抓不著的夢想就會被犧牲。尤其當你過著朝九晚八的生活，回到家打開電視隨著綜藝節目嘻嘻哈哈，或者滑滑手機亂逛、玩遊戲放鬆，遠比找個時間坐在電腦前提筆寫作來得容易。

日復一日，不免自我質疑，是不是自己不夠好、不夠努力？似乎人生就只能這樣了。

於是我開始每天用臉書寫個兩、三句話，提醒自己不要拋下夢想，沒想到這個無心插柳的行為引起廣大網友的迴響，甚至有出版社來詢問，最後圓了自己出書的夢想。

後來受邀到學校演講，分享該如何拉近現實與夢想之間的距離。我的說法很簡單，如果你真的想要完成夢想，那麼唯有努力和堅持，而且勢必要伴隨著犧牲，**就好像安徒生童話裡的小美人魚，她願意用歌聲換取雙腳，卻不一定能因此得到真正想要的愛情一樣。**

或許聽來有些沉重，但當現實與夢想拉扯時，你是否願意付出自己在意的東西，而且要抱著即使如此還是有可能失敗的決心？

演講完，有位物理老師跟我分享自己的心情。他告訴我，從小就是一個沒有夢想的人，因為家境清貧，所以努力讀書、靠著學歷翻身就是他唯一的目標，如果真的要說夢想，那麼就是賺錢養家，讓家人過上好日子。

「什麼叫做好日子？」我問。

「我的要求也不高，有飯吃、有衣服穿，家中老母身體健康，生活平安幸福就好。可是時代不一樣了……」在聊這些的時候，他屢屢感慨：「時代不一樣了……」看得出來心裡有話卻又不知道該怎麼說出來，於是，我跟他分享自己也曾迷惘，也曾因為現實的壓力，想要拋棄夢想。

之後他才緩緩道來，原來他曾向孩子分享自己的人生觀，夢想很重要，但也要認清現實的壓力，孩子聽完後不以為然，用一句周星馳的名言堵了回去：「人沒有夢想，就跟鹹魚沒有兩樣。」

他對於這句話一直耿耿於懷。以前生活不好，連溫飽都是問題，沒時間想那麼多，現在他知道時代變了，也鼓勵孩子追夢，卻覺得很難以身作則，也不知道該怎麼開口跟孩子溝通，甚至覺得沒有夢想的自己過於平凡。

因為出書的關係，我接觸到的人越來越多，也很常跟人談論夢想，但面對草根人物以及年長者的時候，都不太敢詢問他們年輕時期或者是現在的夢想，怕太突兀，甚至於刺痛他們的心。其實每一位父母都年輕過，他們不是沒有夢想，更多的時候是受限於環境，為了家庭、為了子女家人需要扛起責任，放棄追夢的機會。

年紀漸長，慢慢發現**追夢固然可貴，但願意一肩扛起責任的人更難得**。

他們用一輩子時間，讓後輩可以沒有後顧之憂的追夢，那更是值得尊敬的。所以，當你有機會追夢，不要忘記是誰在背後默默的支持。

也許我們會覺得，沒有夢想的長輩過於平凡，但其實很多時候，他們不是沒有夢想，只是用你不知道的方式在付出。

夢想因人而異，不見得一定要站在舞臺前面熠熠生輝才有價值，簡單樸實也可以是夢想的樣子。**而所謂夢想，應該是找到自己熱愛的事情，並且在面對不如預期的現實狀況時，依然不輕易辜負自己的信念，那就是追夢。**

No 03

煩惱的時候，更應該靜下心來整理自己的人生

別忘了，要留給自己的心中場休息的時間。

有天晚上開會遲了，我搭計程車回家，這趟車讓我發現臺北的計程車司機大哥們真是臥虎藏龍。在車上，司機大哥和我聊到他以前創業的經歷。二十年前，他與朋友合夥開了一家成衣公司，最後經營不善負債兩百萬，這筆債，讓他花了十年的時間才還清。

「是誰陪你走過負債的那一段路呢？」我好奇的問。

他想了想說：「沒有……」

「怎麼可能！」我不死心的再三追問，並期待他說出一段美麗動人的愛情故事，又或者一齣感人的家庭倫理大戲。

畢竟一個人失落時，不都應該有個人在旁邊表示支持嗎？

「是夫人、孩子，還是父母家人？到底是誰？一定有個人陪你走過人生的低谷吧？」

「真的沒有，那時候我還單身呢。」司機大哥爽朗的笑道。

他想了又想，最後說：「**如果真的要講，應該是大自然吧。**」

「大自然？蛤？」我在後座聽得瞠目結舌。

「我是一個喜歡看山、看海、釣魚，到處走走的人。所以失敗時，我就會一個人到外面走走。」

「你那時候負債累累，還有錢出去玩？」

「拜託，臺北離山離海也沒多遠吧。有時候，我會一個人騎著摩托車，到陽明山俯瞰臺北，又或者帶著一把釣竿到海邊釣魚。看著這些風景，我就想滄海一粟，煩惱其實沒那麼大。」

透過這樣的方式，司機大哥靜下心來思考人生的方向，他雖然是法律相關科系出身，由於知道自己坐不住，喜歡全臺走透透，體驗人生百態，因此決定做業務，賣牛奶、賣鍋子、到後來擔任生技公司的業務主管。

這十年的時間他還清債務，並且組織了一個幸福美滿的家庭，現在他退休了，想為自己找點事情做，於是選擇開計程車。

後來，有位對未來人生方向感到煩惱的讀者向我傾訴，他覺得人生找不到目標，只能苟延殘喘的活著，可是問他在煩惱什麼卻又說不出個所以然。他只知道前途茫茫，希望我可以推薦一些尋找人生目標的書或電影，或許可以從中找到解答。

於是，我想到了那個計程車司機的故事，當你感到前途茫茫，有時候需要的不是書或電影，而是靜下心來整理自己的人生。

誰的人生不是經歷過諸多痛苦、艱辛和糟糕，**想要將痛苦變成生命中的養分，需要經過思考與檢討這個過程，就如同落葉在土壤中發酵後才會變成肥料。**當問題發生時，除了充實積極的生活，也別忘了，**要留給自己的心中場休息的時間。**

別太急著尋找解答，有時候讓自己放空一陣子，將內心中負面的情緒清空，才有更多的空間去思考未來如何向前。

NO
04

經濟收入穩定，才能追求理想生活

金錢可以決定你的人生能夠擁有多少的自由。

很多雜誌或者書籍都喜歡分享有錢人會做的事情，比如說《有錢人都用長皮夾》、《有錢人都是這樣理財的》……相關主題，層出不窮。我發表專欄的雜誌《今周刊》曾經有一期的封面主題是：〈三十五歲前非懂不可——有錢人改變一生的好習慣〉，這篇文章在雜誌的臉書粉絲團是置頂文章，吸引很多人瀏覽。

文章下面的留言很精彩，其中得到最多讚的一則是：「總是叫大家學有錢人，有錢真的這麼了不起、這麼值得學習？怎麼不教大家如何做個正直、誠實、心靈富裕的人？」

是啊，老是談錢似乎很膚淺，但想得更深入一點，只要不偷不搶不騙，對得起自己的良心，賺錢是為了讓自己和所愛的人過上更好的生活，這又有什麼不對？

我們常說很多事情跟物質沒有關係，很多東西錢買不到，可是說到底**沒有錢連生存都會出問題**。

金錢可以決定你的人生能夠擁有多少的自由。辭職去實現自己的夢想，來一趟說走就走的旅行，出國念書……這些事情，都需要金錢作為後盾。

我必須承認自己曾經是個月光族，薪水發下來了會去吃幾頓好的犒賞自己，月中了會刷卡買東西讓自己開心，月底一結算發現囊中羞澀，再扣掉月中的卡費，一點也不剩。

有一次幾個朋友聚餐時談到投資自己的未來，想要一起出國讀書，可是我算一算這幾年存的錢，根本無法負擔學費。眼看朋友們做好計畫，準備出國進修，忙得不亦樂乎。我才開始懂得理財規畫的重要。

從此領到薪水以後，我會將它分成三份，一份存下來以備不時之需或當作旅行基金，一份則是養老預備金，最後一份才是日常開銷。不再像從前朋友邀約來者不拒、沒錢了就去提款機領錢，然後月底莫名其妙就成了月光族。

我們的人生不用窮得只剩下錢，但努力賺錢，不是為了炫富，而是為了讓自己

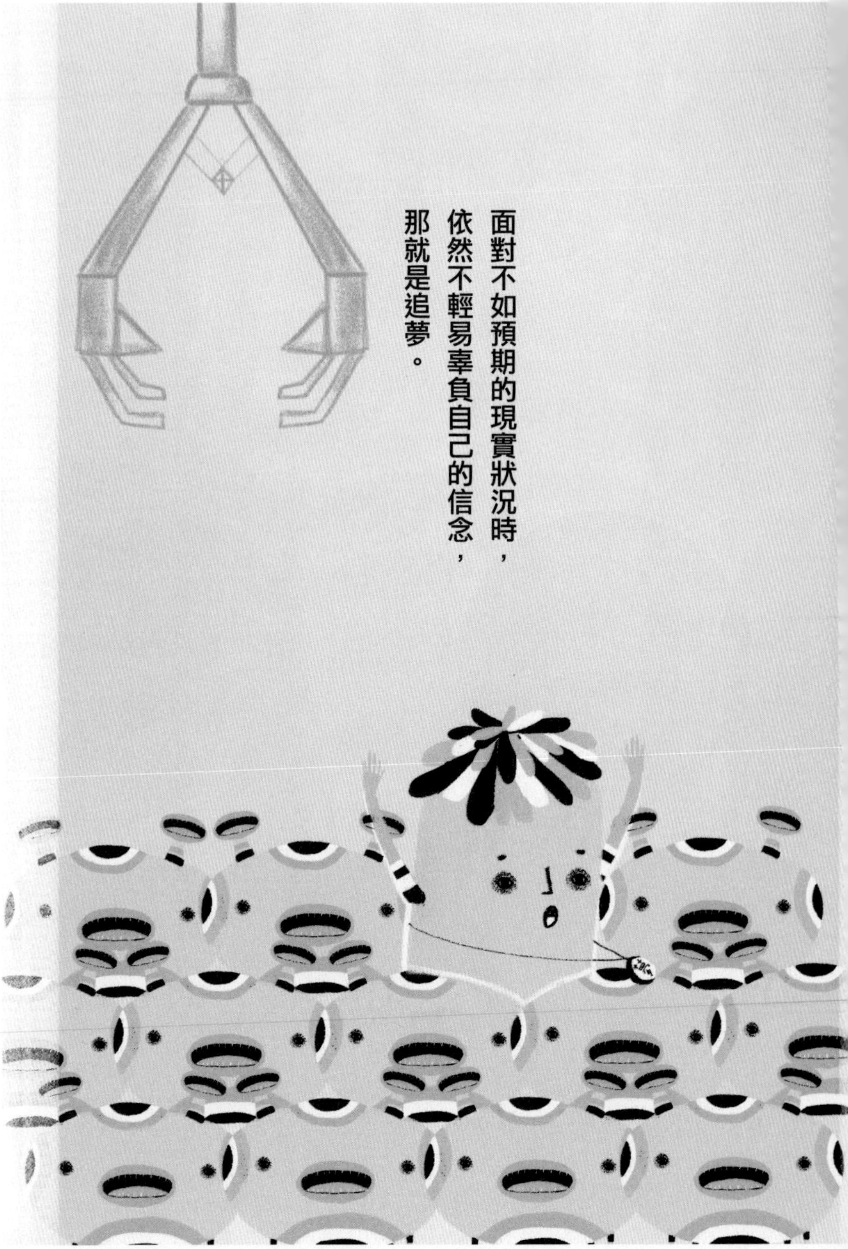

面對不如預期的現實狀況時，
依然不輕易辜負自己的信念，
那就是追夢。

的人生不受到金錢的考驗。

金錢並不膚淺，它所代表的並不只是浮華的物質慾望享受，它可以是讓家人吃得健康、安全，有能力讓家人不用為生活汲汲營營，甚至是一年帶家人出國旅遊一次。也只有當你有穩定的經濟收入時，才能過得體面，追求理想生活。

有錢的確沒什麼了不起，但因為自己沒錢而仇視富者，只會顯得憤世嫉俗。不如放寬心胸，從不同人身上學習到對自己有營養的東西，才能累積實力。現實很殘酷，想要實現夢想並不容易，也因此必須讓自己學會各種本領，才能繼續前進。

No 05

快樂不是全部，悲傷不是全部，加起來才是

接受生活中的一切，
不論快樂或是悲傷，都可以是生命中的養分。

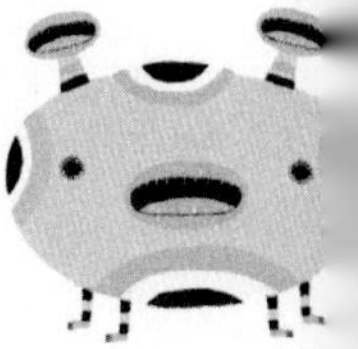

有位剛開始工作的同學問我：「工作一陣子遇到難處，壓力大，心情該怎麼調整，而且錢少事多，覺得一切都跟想像中的不一樣，到底該怎麼讓自己更開心？」

我本來打算回答：「老天在送你一份大禮前，總會用重重困難做包裝，你撐過去就是你的了。」但是想了想，我刪掉了那行字，那是我三年前剛出第一本書的想法，但現在，我對於困難有了一些更深刻的體悟。

然後我又打了一段話回應他：「**沒有一種工作跟想像一樣的輕鬆，但也正是你願意去承擔責任，才能帶給自己成長。**」

這個問題讓我想到前陣子到大學演講完，有位即將畢業的同學問我的話：

「你做的事情很有趣，要怎麼樣才能像你一樣做有趣的工作呢？」

我反問他一句：「什麼是有趣的工作呢？」

「就是不要朝九晚五，然後像你一樣可以到處去玩，寫專欄、出書，然後到各校演講。」

「其實，這些事沒有想像中的有趣耶，」我說：「絕大多數的時候，比一般的工作還要瑣碎，需要長時間對著電腦打字，收入不穩定，工作時間不固定，沒有所謂的週末或下班時間……」

「真的嗎？」他說：「可是，你看起來做得很開心啊。」

「那是因為這是我想做的事情，所以關鍵不在我做的事情很有趣，而是你要找到一件你想做的事情，並且義無反顧的努力。」

我不知道那位提問的同學能夠體會多少，但我想表達的重點在於，**沒有什麼工作是有趣的，端看你能不能夠從中找到樂趣。**

因為，我也曾經只看到臺前的風光，卻忽略了他人背後的付出。

事實上，那天晚上我的演講行程結束不代表工作就結束了，接下來在高鐵上，還需要用手機修圖，整理同學們的問答發表在臉書上。回到家大概晚上十一點多，要開始整理該提供給出版社的書稿，第二天早上起來，開始閱讀、貼文、選文、撰文的工作流程，有很多繁瑣的工作需要進行。

不只是我，任何工作都是一樣，每份工作有各自的難題，很多時候我們會羨慕別人過得比你好，殊不知他們也有不足為外人道的苦，那不見得是會被分享出來。

事實上，沒有一份工作特別輕鬆，有的不過是透過自己千百次的練習讓它看起來輕鬆容易。當然，如果這條路上有人能夠與你並肩同行，那些苦辣酸甜可能會變得更有意義，更淡一些。

但是在成長的道路上，大部分的時候，我們會覺得自己像黑暗中獨自摸索的孩子，周遭空無一人，人生就像電影的快轉鏡頭，周圍景色飛快流逝，唯有自己孤獨的原地踏步，彷彿沒有前進。

但隨著時間流逝，你會發現自己慢慢從新鮮變得資深，原本困難的事情變得得心應手，解決了原本的問題，開始了下一個階段。接下來，這個名為時間的領路人，又會帶來一批新的面孔，做著我們曾經做過的事情。如此循環。

這樣的過程，就是讓我們學著承擔責任，**明白快樂不是全部，悲傷不是全部，**

加起來才是。

不要急著要求自己現在、立刻、馬上變得更好，因為那不太實際，**成長不是瞬間立即呈現的狀況，它是一種潛移默化慢慢的進步，漸漸的變好**，而你要做的不是焦慮，而是接受發生在生活中的一切，並從中學習，**不論快樂或是悲傷，都可以是生命中的養分。**

No 06

做出決定前，要替自己設立停損點

嘗試過後，代表努力過了，失敗也不要再鑽牛角尖。

這陣子很流行一個詞「人生勝利組」，在各大討論區、雜誌、新聞頻道中頻頻出現，點進去看內容，內容不外乎是之前失敗很多次，但一路堅持到底，最後逆轉勝的成功故事。

我也因此收到很多網友的來信，他們分享自己的狀況，大部分的人對於「堅持到底」感到疑惑，尤其是在失敗了好幾次後，到底該不該再試一次？

我認為**所謂的堅持，其實是一種理性的判斷**，畢竟那些成功人士不會告訴你，有些堅持，是綜估各方情勢所做出的結論，並不是盲目的堅持。

十九歲那年，我的大學時代，有一年暑假在書局打工，每天搬書上架，當時一起打工的同事是位準博士生，那年三十三歲。他告訴我，從二十七歲考到三十三歲，都還沒有考到博士，一連堅持了六年，目前還在努力中，除了一年的工作經驗，其他時間都在打零工。為了家計，他必須打兩份零工，白天在書局，晚上在補習班當課輔老師，負責改考卷，明明有著不錯的學經歷，卻領著最低工資過日子。

他常常跟我抱怨收入太低，可是當我問他以後打算怎麼辦？他說：「繼續考，直到考上為止。」

這段話，聽在十九歲的我耳裡有些佩服，但現在三十歲的我回想起來覺得有些可惜。他嫌薪水少，卻又無力改變，沒有替自己設下停損點，用人生最精華的六年來賭，這樣的代價並不是每個人都能承擔得起。

後來過了幾年，我大學畢業後進入職場，認識了另一位同事，談到類似的話題，她感慨分享自己曾參加大陸律師的考試經驗。第一年落榜，她又給自己一年的時間，可惜第二年還是差了五分落榜。

「有打算再考嗎？」我問。

她搖搖頭表示，綜觀自己的狀況，她是長女，家裡還有三個弟妹要照顧，父母年近七十，她決定替自己設定停損點，只給自己兩年的時間，倘若沒有考上就放棄。雖然沒有達成目標，但在考量個人經濟狀況還有家庭因素後，她認為當下該做的不是考試，而是不再讓老人家操心。

人生就像釣魚，該拉的時候拉，該放的時候放，但更多時候，是在等待和尋找施力的點；**可是等待最可怕的，就是不知道該等多久。**

失敗的時候，雖然可以將失敗的經驗化為養分，當作替自己扎根，**但請不要忘了要把時間的成本列入考量。**

其實失敗的次數真的不是重點，不管是選擇為了實現自己的夢想繼續考試，又或者投身職場找尋一份穩定的收入，都無所謂對或錯。只要你記得在**做出決定前，要先替自己設定停損點。**

停損的設立，在於付出之前，要先思考自己跟家人們，對於失敗能夠承擔的底線在哪裡。沒有停損點的盲目堅持，到最後賠上了自己與家人的生活品質，甚至喪失自信一蹶不振，相信不是任何人所樂見。

有位網友寫信給我，他說自己從高三開始準備考警專但是落榜了，畢業後一邊打工一邊讀書，考取了一間管理學院，父親認為從這所學校畢業後會有錢途，但是他還是想再挑戰一次警專。所以他很疑惑，到底是要放棄已錄取的學校，繼續工讀準備再考一次警專，還是聽從父親的意見？

首先，對我來說沒有一所學校的證書能夠保證未來「有錢途」，就算名校也一樣。我不曉得他的父母對那所學校有多少的了解，也許根本不了解，只是擔心孩子考試一直失敗，浪費大把時間，最後卻什麼都沒有，因為才勸他就讀。

如果這位同學能兼顧考試和工讀，那麼想再給自己一次機會也無可厚非。但最多重考幾次要先設下底線，下定決心後就心無旁騖地全心準備，**嘗試過後，代表努力過了，失敗也不要再鑽牛角尖。**

因為，就像我常說的那句話：「**關於夢想，我們所追求的，不是一定要得到，更重要的是知道自己傾盡全力，再也沒有遺憾。**」

冒牌生說：

實現夢想的三個目標

短期目標需要衝勁，中期目標需要隱忍，長期目標需要規畫。

隔壁鄰居媽媽的女兒Gina懷抱著明星夢，她從小參加歌唱比賽，曾經拿過一次優異成績，被經紀公司簽約，後來礙於年齡太小沒有好好發展，但她依然決定往演藝相關事業走。

求學時，她選擇演藝相關科系成為校園風雲人物，但很多事情看似萬事俱備，但永遠就是缺了一點機運，Gina等了十多年才終於出了第一張專輯。

她發片那陣子我常在電視上看到宣傳影片，心中很替她開心，有一次在樓下超商巧遇Gina的媽媽，我特地對Gina媽媽誇道：「最近很常在電視上看到Gina的MV，真替她開心，越做越好了。」

Gina媽媽長長的嘆一口氣，說：「等了十年才出一張專輯有什麼用！平常都在啃爸媽老本。」

「怎麼會呢？能夠做自己喜歡的事情很好啊。」我說。

「如果做自己喜歡的事情能夠養活自己當然沒問題，但只把目標放在發片，平常什麼都不願意做，與其說追夢，還不如說是逃避社會、沒有責任感。」

Gina媽媽的語氣很無奈，但對自己女兒又有些心疼。她遲疑了片刻說：「她說，因為想要從事音樂相關的行業，所以不願意屈就一般工作，但事實上，她連基本溫飽都搞不定，講得再好聽，一切都只是自欺欺人而已。」

聽完以後有些心酸，演藝圈要出頭不容易，有些人出道十年還是默默無聞，這些都沒有不對，不後悔就好；但有更多人期待夢想能有父母的金援，忘記了**夢想之所以珍貴是在於自己買單。**

追夢要腳踏實地，而腳踏實地的意思，不是只做你想做的事情，**真正的腳踏實地，是懂得在追夢的過程規畫自己該做的事情，認清每個階段的自己，設定具體的目標，進而一步一腳印的去執行。**

首先，實現夢想可以先設立三個目標，分別為短期、中期，以及長期，**實現短**

期目標需要衝勁，中期目標需要隱忍，長期目標需要規畫。

Gina想成為歌手，那麼短期目標就是需要參加歌唱比賽，找到自己的伯樂、觀眾，比賽就像是夢想的入門磚。

但比賽結束後必須再為自己找到舞台，即使比賽有好成績，也不一定會有好的發展，收入不穩定的狀況下，經濟壓力越來越大，這時候就必須設立自己的中期目標——放下身段嘗試更多類型的工作。

即使認為那些工作跟夢想毫不相干，但也必須調適心態，況且，從工作中累積各式各樣的生活經歷，可以融入音樂創作之中，讓自己的作品更有深度、廣度以及能量。

實踐夢想不能單靠一腔熱血盲目的亂衝，也不是日復一日消磨在日常中，讓夢想變成空想，最重要的是褪去了年少時期的朝氣蓬勃，歷經社會現實的洗禮以後，依然懂得規畫，替自己設定長期目標。

我十八歲那年，大學的指導教授曾經跟我說過，**追夢需要倒過來看**。

以我自己為例，如果想要在二十八歲的時候出三本書，寫完一個系列，籌備著下一個系列；那麼就代表在二十七歲的時候，至少有幾個雜誌專欄，讓文字被更多人看見。

想要在二十七歲的時候寫專欄，那麼就得在二十五歲的時候開始培養自己的獨特觀點，寫的內容至少要代表一個族群的聲音，說出他們的心中所想，才會有人願意看你的作品。

二十三歲的時候，要一邊工作，一邊寫文章。

二十二歲大學畢業，開始累積自己的生活閱歷。

二十歲的時候寫第一本書，找出版社試試市場的反應。

十九歲時，開始整理稿件開始投稿。

將時間往回推，才能把遠大的夢想化作一個個小小的目標，進而挑戰自己，逐一達標。

十八歲那年，我照著自己的心之所向開始投稿。歷經了一年才得到出版機會。不過我沒有通過市場的考驗，於是作家路停擺了。但我始終記得自己想做的：十年後，我要成為一名作家，有自己的專欄，寫自己想寫的東西。

二十五歲，我用一張《海賊王》的圖片搭配一句話的方式，在臉書上分享自己的心情點滴，吸引了很多跟我一樣愛看動漫、喜歡語錄的讀者。

我寫下了《海賊王教我的50件事》、《通往偉大航道的50個關鍵字》，這些書漸漸的累積了一群願意看我用文字表達想法的讀者。

二十七歲，原本以為自己正式踏上了作家之路，沒想到卻被網友指控抄襲，分享的動漫照片侵權，甚至還鬧上了媒體，在一夕之間被千夫所指，出版社為此跟我解約，作家之路再度停擺，彷彿我所有的努力都因為一些人的幾句輿論白費了。

可是，我沒有忘記那年的夢想——十年後，我要成為一名作家，有自己的專欄，寫自己想寫的東西。

之後我回到工作、投稿，試圖出書的日子。直到二〇一四年九月，我終於有機會出版第三本書《為夢想跌倒，痛也值得！》。

出版後賣得不錯，短短兩個月加印了兩次，於是二〇一三年被指控抄襲、侵權的事件又被網友翻出來嘲諷。

我一直在做的，就是分享我喜歡的動漫，分享我喜歡的語錄，將正能量傳遞給每一位讀者，所以這次面對酸言酸語，我選擇不再回應，不是做錯或者怕了；而是沒必要將那些不開心加諸在我的讀者身上，也不需要隨風起舞，拿過去的事情再做文章。

二十八歲那年，是我和指導教授談話的十週年。回顧這十年，我真的完成了這條作家路的《夢想三部曲》，也擁有了自己的專欄。

從《海賊王教我的50件事》談夢想，

《通往偉大航道的50個關鍵字》談成長，

再到《為夢想跌倒，痛也值得！》談挫折。

二〇一五年我開始進行另一項寫作計畫——《成長三部曲》，希望能夠幫助迷惘的人找到人生方向。而在二〇一五年中出版了第一部曲——《我不是中二，我只是青春》，寫十九歲和二十九歲的對話。

如今，第二部曲《成年禮》也出版了，寫作的腳步並沒有因為當初的打擊而停止，我想寫一本書送給十八歲的讀者，還有現在，不再是個孩子卻還不是個大人的自己。

回顧這條路，就算做的是自己喜歡的事情，偶爾還是會有一些不好玩、不有趣、不順心的事，比如說收入不穩定、目標不明確、努力了半天沒有回報等……很多人會說，遇到挫折就放棄還算是夢想嗎？勸你堅持下去，但如果一件事帶給你的痛苦遠高於快樂與成就，那只會越做越累，大概也無法長久。

不論是成為作家、藝人，任何夢想都需要長遠的規畫，因為現實和夢想，就像太陽和影子一樣，永遠伴隨著彼此，想要兩者兼顧，除了熱情的衝勁，更需要逐步規畫目標的能力，承擔責任，堅定選擇。夢想會從你決定去做，實際執行的那一刻起，透過一點一滴的累積，還有一天又一天的經營，萌芽長大。

VIEW系列 035

成年禮：給不再是孩子，卻還不是大人的你

作　者—冒牌生
主　編—陳信宏
責任編輯—王瓊苹
責任企畫—曾睦涵
插　畫—莉莉樹 https://www.facebook.com/littlelilytigre/?fref=ts
校　對—謝惠鈴

董事長—趙政岷
出版者—時報文化出版企業股份有限公司
108019台北市和平西路三段二四〇號三樓
發行專線—（〇二）二三〇六—六八四二
讀者服務專線—〇八〇〇—二三一—七〇五・（〇二）二三〇四—七一〇三
讀者服務傳真—（〇二）二三〇四—六八五八
郵撥—一九三四—四七二四時報文化出版公司
信箱—10899台北華江橋郵局第九十九信箱

時報悅讀網—http://www.readingtimes.com.tw
電子郵件信箱—newlife@readingtimes.com.tw
時報出版愛讀者粉絲團—http://www.facebook.com/readingtimes.2
法律顧問—理律法律事務所 陳長文律師、李念祖律師
印　刷—紘億彩色印刷有限公司
初版一刷—二〇一六年六月十七日
初版八刷—二〇二一年六月十六日
定　價—新臺幣二八〇元

時報文化出版公司成立於一九七五年，
並於一九九九年股票上櫃公開發行，於二〇〇八年脫離中時集團非屬旺中，
以「尊重智慧與創意的文化事業」為信念。

成年禮：給不再是孩子，卻還不是大人的你 / 冒牌生著. -- 初版. -- 臺北市：時報文化, 2016.06
面；　公分
ISBN 978-957-13-6662-3（平裝）
1.生活指導 2.自我實現 3.青少年

177.2　　105009410

ISBN 978-957-13-6662-3
Printed in Taiwan